Hans-Josef Klauck

Hausgemeinde und Hauskirche im frühen Christentum

W0184834

Stuttgarter Bibelstudien 103

Herausgegeben von
Helmut Merklein und Erich Zenger

Hans-Josef Klauck

Hausgemeinde und Hauskirche im frühen Christentum

Verlag Katholisches Bibelwerk GmbH
Stuttgart

CIP-Kurztitelaufnahme der Deutschen Bibliothek

Klauck, Hans-Josef:
Hausgemeinde und Hauskirche im frühen Christentum/
Hans-Josef Klauck. – Stuttgart: Verlag Katholisches
Bibelwerk, 1981.
(Stuttgarter Bibelstudien; 103)
ISBN 3-460-04031-9

NE: GT

ISBN 3-460-04031-9
Alle Rechte vorbehalten
© 1981 Verlag Katholisches Bibelwerk GmbH, Stuttgart
Satz: SCS Schwarz Computersatz, Stuttgart
Druck: SV-Druck, Ostfildern

Helga Rusche
in Dankbarkeit

Vorwort

Die folgenden Ausführungen gehen auf eine öffentliche Probevorlesung zurück, die ich zum Abschluß des Habilitationsverfahrens am 27. November 1980 vor der Katholisch-Theologischen Fakultät der Ludwig-Maximilians-Universität in München gehalten habe. Der wesentlich kürzere Vortragstext ist unter dem Titel „Die Hausgemeinde als Lebensform im Urchristentum" in der Münchener Theologischen Zeitschrift erschienen. Den Herrn Professoren Joachim Gnilka, Ferdinand Hahn und Peter Stockmeier danke ich für ihre anregende Kritik im Anschluß an die Vorlesung, die wesentlich zur Präzisierung der Fragestellung und mancher Details in diesem neuen Versuch beigetragen hat.
Ich widme diese Studie Frau Dr. Helga Rusche. Sie hat mir zu einem frühen Zeitpunkt meines exegetischen Weges entscheidende Impulse vermittelt, die sich als Weichenstellungen erweisen sollten.

München, im April 1981 Hans-Josef Klauck

Inhalt

Einführung

„Der *Lebensraum* der Gemeinde ist das Haus“, meint *Heinz Schürmann* in einem Vortrag über „Gemeinde als Bruderschaft“ von 1954 (!). Er verweist auf die ersten Gemeinden, die „sich anfangs meist in Privathäusern versammelten und sich im Raum der Familie verbargen“, und er stellt schon damals die Forderung auf, diese „Häuslichkeit“ der Gemeinde, die in den zeitbedingten Formen des Anfangs als verpflichtende Grundgestalt sichtbar wird, unter den veränderten Bedingungen der Gegenwart neu zu realisieren.[1] Ergänzend ließe sich hinzufügen, daß äußere Bedingungen die Rückbesinnung auf die Lebensform der Anfangszeit unter Umständen sogar erzwingen können. Es fällt nicht schwer, sich Verfolgungs- und Minderheitssituationen vorzustellen, in denen die Häuser wieder die einzigen Wohnstätten christlichen Glaubenslebens sein werden.

Inzwischen sind Hausgemeinde und Hauskirche zum festen Thema kirchenamtlicher Verlautbarungen geworden, aber in einem etwas anderen Sinn. Die dogmatische Konstitution über die Kirche des Zweiten Vatikanischen Konzils nennt die Familie eine gleichsam häusliche Kirche (Lumen Gentium 11: *familia...in hac velut Ecclesia domestica).* Die letzten Päpste haben sich mehrfach in dieser Richtung geäußert. Die Familie als Hauskirche war ein Thema der Bischofssynode von 1980. Diese und weitere Hinweise finden sich in einer Schrift des Regensburger Bischofs *Rudolf Graber* mit dem Titel „Die Familie als häusliches Heiligtum“, wo es unter anderem heißt: „Es ist nicht zuviel gesagt, wenn wir meinen, daß dieser Begriff zu den fruchtbarsten des Konzils zählt und daß von der Verwirklichung dieses Begriffs die Zukunft der Kirche entscheidend abhängt“[2].

Das pastorale Anliegen, das als bewegender Faktor im Hintergrund steht, sei durchaus anerkannt. Ob man auch die düsteren, apokalyptisch eingefärbten Töne, die Bischof Graber bei der Beschreibung der Gegenwartssituation anschlägt, und sein ideales Gegenbild einer heilen Familie in allem teilen wird, bleibe dahingestellt. Der Historiker kann jedoch nicht umhin, in der Beschränkung der Begriffe Hausgemeinde und Hauskirche auf die Familie eine gewisse Einseitigkeit zu erblicken, warum, wird aus den folgenden Seiten hoffentlich noch deutlicher hervorgehen.

Damit sind wir beim eigentlichen Thema angelangt. Es geht in dieser

---

[1] *H. Schürmann*, Gemeinde 68f (Hervorhebung im Original).

[2] *R. Graber*, Familie 17, vgl. 32.

Arbeit um die Hausgemeinde oder „die sich hausweise konstituierende Kirche" – so möchte ich das paulinische ἡ κατ' οἶκον ἐκκλησία einmal übersetzen: die sich hausweise konstituierende Kirche – in der Zeit des Urchristentums, mit Ausblicken ins zweite und dritte Jahrhundert nach Christus und in die religiöse Umwelt. Vielleicht ist es nicht unnütz, zu erwähnen, daß mich zunächst nicht die soeben angeführten pastoralen Neuansätze zu dieser Fragestellung bewogen haben. Auf sie wurde ich erst nachträglich aufmerksam. Anstoß gab vielmehr eine Untersuchung zur Herrenmahlstradition in Korinth und ihrem religionsgeschichtlichen Umfeld, die fast notwendig zur Beschäftigung mit dem Phänomen der Hausgemeinde führte.[3] Dabei wurde sogleich deutlich, daß die fachexegetischen Beiträge zu dieser Frage relativ dünn gestreut sind und Lücken für eingehendere Untersuchungen offen lassen.[4]

Wenn das Ziel dieser kleinen Studie somit in erster Linie als ein streng exegetisches und historisches umschrieben wird, so steht dahinter doch die stille Hoffnung, daß der Blick in die Geschichte und das Vertrautwerden mit den eigenen Anfängen eine Hilfe bedeutet für die Bewältigung unserer heutigen Aufgaben und Probleme. Das kann sicher nicht durch bloße Imitation geschehen. Modelle aus dem ersten und zweiten Jahrhundert nach Christus unbesehen ins zwanzigste zu übertragen, wäre für sich genommen nicht mehr als Anachronismus und antiquarische Liebhaberei. Aber wo Lebens- und Glaubensbedürfnisse vorliegen, die einen Resonanzboden abgeben, kann es zu einer fruchtbaren Begegnung mit der eigenen „Urgeschichte" kommen. Auch im Leben eines Menschen ist es

---

[3] Vgl. *H. J. Klauck,* Herrenmahl 258f.

[4] Es gibt einen Aufsatz: *F. V. Filson*, Significance. Einen wertvollen Exkurs hat *P. Stuhlmacher*, Phlm 70–75. Hinzu kommen gute Einzelbeobachtungen bei *F. Wieland*, Mensa 27–35.66–76; *F. W. Maier*, Paulus 27–29; *E.A. Judge*, Gruppen 29–38; *J. Hainz*, Ekklesia 195.199–203.345–348; *A. J. Malherbe*, Aspects 60–91; *A. Schreiber*, Gemeinde 130–134; *G. Theißen*, Studien 231–271, sowie *B. Grimm*, Untersuchungen 194–211. Dazu die Lexika: *O. Michel*, ThWNT V, 132f; *J. Goetzmann*, TBLNT II/1, 639; *G. Harder*, BHH II, 661. Pastoral ausgerichtet sind *E. H. Robertson*, House Church; *E. Friedel*, Oikos-Begriff; *W. J. Hollenweger*, House church. Von der Liturgiewissenschaft her kommt *J. Wagner*, Eucharistiefeiern (zu unserem Thema bes. 8–55). Während der Drucklegung erschienen die folgenden beiden Aufsätze, auf die noch hingewiesen sei: *N. Provencher*, Vers une théologie de la famille: l'Église domestique, in: EeT(O) 12 (1981) 9–34; *J. K. Coyle*, Empire and Eschaton: The Early Church and the Question of Domestic Relationships, ebd. 35–94. Nicht rechtzeitig zugänglich war mir *R. Banks*, Paul's Idea of Community: The Early House Churches in Their Historical Setting, Grand Rapids 1980.

manchmal so, daß in Krisensituationen Kindheitserinnerungen auftauchen, die lange verschüttet waren, aber jetzt im rechten Moment ihre helfende und heilende Kraft entfalten, sofern man es versteht, auf sie zu hören. Niemand aber setzt sich ungestraft über seine eigene Vergangenheit hinweg.

I. Sprachliche Vorfragen

Zunächst sind einige sprachliche Voraussetzungen zu klären, die das semantische Feld der beiden griechischen Wörter für Haus, Oikos (οἶκος) und Oikia (οἰκία) betreffen. Im attischen Recht wird anfangs noch unterschieden. *Xenophon* erörtert die Frage, was wir unter „Hauswesen" (Oikos) verstehen. „Meint es soviel wie Haus (οἰκία), oder gehört zum Hauswesen (τοῦ οἴκου) auch all das, was wir außerhalb des Hauses (τῆς οἰκίας) besitzen?" (Oec 1,5). Oikos als der umfassendere Begriff beinhaltet das gesamte Vermögen an beweglichen und liegenden Gütern einschließlich des Wohnhauses. In Erbschaftsangelegenheiten steht es für die gesamte Hinterlassenschaft. Ein Beispiel aus *Herodot:* Artanes „gab dem Dareios seine Tochter und sein ganzes Vermögen (τὸν οἶκον πάντα) dazu, denn sie war sein einziges Kind"[5]. Andererseits kommt es vor, daß Oikos nur einen oder mehrere Räume in einem Gebäude meint, also eine geringere Extension als Oikia aufweist. In einer Strafanzeige von 113 v. Chr. beklagt sich der Antragsteller, eine Räuberbande sei in sein Haus (ἐπὶ τὴν ὑπάρχουσάν μοι οἰκίαν) eingedrungen und habe das Schloß zur Wohnung seiner Mutter (τὸ χελώνιον τοῦ οἴκου τῆς μητρός μου) aufgebrochen.[6] Auch sonst bleiben Bedeutungsnuancen erhalten. So schließt Oikos den Aufenthalt in Höhlen, Hütten und Zelten mit ein, während Oikia betont für die Verwandtschaft, die Klientel, die Dienerschaft (vgl. Phil 4,22) gebraucht wird.[7]

Man kann sich die polyseme Inhaltssubstanz der beiden Lexeme als zwei Kreise vorstellen, die sich überschneiden. Das so entstehende gemeinsame Segment ist noch nicht monosem, sondern enthält zwei Bedeutungsvarianten. Von Homer und Hesiod an durch die ganze Gräzität bis in die Geschäfts- und Umgangssprache der späten Papyri[8] hinein bedeuten Oikos und Oikia gleichermaßen (1) Haus im Sinne von Wohnstätte, bewohntem Gebäude, und (2) Haus im Sinne von Familie, Sippe. Dazu einige Beispiele. *Platon* schreibt für „ganze Familien" ὅλας οἰκίας (Leg

---

[5] Hdt. 7,224,2. Vgl. Andoc., Or 4,15 (118 CUFr Dalmeyda): Alkibiades plant den Tod seines Schwagers Kallias, „um sich das Vermögen (τὸν οἶκον) des Hipponikus (Vater des Kallias) anzueignen, weswegen ihn Kallias vor euch allen in der Versammlung (ἐν τῇ ἐκκλησίᾳ) angeklagt hat".

[6] PTebt I 46,8f.17–19 (sic), bei Mitteis-Wilcken Nr. II Nr. 41, auch bei Moulton-Milligan 441.

[7] Vgl. mit Einzelbelegen Thes Steph V, 1780f.1795–1797; Passow II/1, 415.418; Liddell-Scott 1203–1205.

[8] Mit zahlreichen Belegen Preisigke Wört II, 156f.161–163.

909B), *Artemidor* hingegen hat μετὰ γὰρ ὅλου τοῦ οἴκου, „mit der ganzen Familie“[9], während ὁ οἶκος ὅλος an einer Stelle bei *Xenophon* dem Kontext nach eher den ganzen Besitz als die ganze Familie meint, obwohl eine letzte Unsicherheit bleibt[10]. In einer Inschrift aus dem 4. Jahrhundert v. Chr. stehen Oikos und Oikia in etwa gleichem Sinn auf engstem Raum nebeneinander: τᾶν δὲ οἰκιᾶν τιμὰν κομιζέσθω τῶ οἴκω ἑκάστω δύο μνᾶς (SIG^3 306, 16; es geht um die Häuser von heimkehrenden Exulanten, die entweder zurückgegeben oder, wo das nicht mehr möglich ist, durch einen festgesetzten Preis pro Haus ausgelöst werden müssen). Ein Bedeutungswechsel innerhalb einer einzigen Zeile findet sich in POxy 2713 (3. Jh. n. Chr.):

Zeile 9f: ...πά̣[ντα] γὰρ τὰ καταλειφθέντα ἑαυτοῖς ἀπὸ τῆς προπεσούσης κληρονομί[ας],

Zeile 11: ἑνὸς ὄντος οἴκου καὶ μιᾶς ξυνγενείας, ἐπ’ αὐτῆς τῆς οἰκίας ἦν...

Denn alles, was ihnen (uns?) von der oben erwähnten Erbschaft übrig geblieben war,
bestand, da wir eine Familie und eine Verwandtschaft bilden, in eben diesem Haus...

Schematisch und vereinfacht dargestellt, sieht die semantische Lage nach allem etwa folgendermaßen aus:

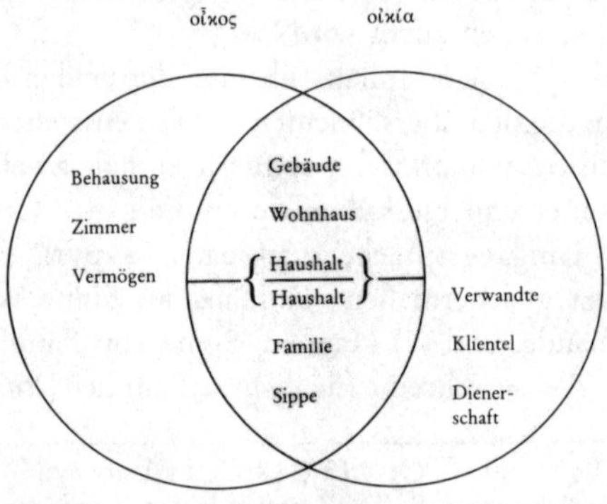

[9] Oneirocr 68 (195,1 BiTeu Pack).

[10] Cyrop 5,4,34 (Gadatas zu Kyros): „Solange wir mit den Assyrern befreundet waren, gab es nichts schöneres als die Besitzung (κτῆσις) meines Vaters in der Nähe der großen Stadt Babylon... Nun aber, da wir Feinde sind, ist klar, daß, sobald du abziehst, auch wir selbst bedroht sind καὶ ὁ οἶκος ὅλος.“ Vgl. auch Xenoph., Mem 2,7,6: „Kyrebos ernährt von der Brotbäckerei τὴν οἰκίαν πᾶσαν.“ Hier geht es eindeutig um die Hausinsassen, die Familie.

Was den christlichen Sprachgebrauch angeht, wurde eine Nivellierung im Umgang mit den beiden Lexemen durch das Alte Testament, insbesondere durch die Septuaginta noch begünstigt. Im Hebräischen ist *bjt* „ein Bauwerk aus Holz und Stein, worin ein Mann und seine Familie wohnen“[11]. An weiteren, abgeleiteten Bedeutungselementen sind hervorzuheben:

(1) ein Saal oder Zimmer in einem Gebäudekomplex (Est 2,3; 7,8),
(2) die Familie vom Familienvater (vgl. Gen 50,8; Sam 1,21) an über Frau, Nebenfrau, Söhne, Töchter (Gen 36,6), abhängige Verwandte (Gen 13,1) hin zu Dienern (Gen 15,2f), Gefolgsleuten (Gen 14,14) und Sklaven (Gen 17,13.27),
(3) die Sippe als mittlere Größe zwischen Familie und Stamm (2 Sam 9,4),
(4) der Hausbesitz einschließlich Vermögen, Werkzeug, Sklaven und Vieh (vgl. Ex 20,17; Est 8,1).[12]

Die Septuaginta verwendet nun für *bjt* in den verschiedenen Bedeutungen sowohl Oikos als auch Oikia, eine Differenzierung wird kaum erkennbar, mit der einzigen Ausnahme, daß Oikos viel häufiger vorkommt als Oikia.[13] Ein schönes Beispiel bietet die klassische Stelle Jos 24,15: „Ich aber und mein Haus, wir wollen Gott dienen“, wo Codex A ὁ οἶκός μου, Codex B aber ἡ οἰκία μου liest.
Dieses Ergebnis ist nicht zuletzt deshalb bedeutsam, weil sich im Neuen Testament neben den dominierenden Stellen mit Oikos auch solche mit Oikia finden, die für die Frage nach der Hausgemeinde etwas hergeben. Je nachdem, ob man die Hausgemeinde nun vom Wohnhaus oder von der Familie her definiert, was sprachlich beides möglich ist, ergeben sich andere Fragen. Geht man vom Haus als Wohnhaus aus, ist die Hausgemeinde dadurch bestimmt, daß sich eine Gruppe von Christen in einem Privathaus versammelt, gleichgültig, wie ihre sonstigen persönlichen Beziehungen aussehen. Interessant werden dann vor allem die architektonischen Voraussetzungen. Generell ist zu sagen: ein römisches Atriumhaus, eine stadtrömische Insula (mehrstöckige Mietshäuser mit Geschäftsräumen im Erdgeschoß), ein griechisches Peristylhaus oder ein hellenisti-

[11] *H. A. Hoffner*, ThWAT I, 633.
[12] Ebd. 633–638; *E. Jenni*, THAT I, 308–313.
[13] Hatch-Redpath 969f.973–982; *P. Weigandt*, Oikosformel 50–63; *W. Wodke*, Oikos (materialreich, aber in erster Linie an den Rechtsverhältnissen interessiert).

scher Mischtyp mit Hof und angrenzenden Räumen[14], sie alle boten ohne weiteres Platz für eine Versammlung von etwa 10 bis 20 oder auch mehr Personen. Wurden die Zimmer zu klein, konnte man unter Umständen in den Hof ausweichen. Eine kritische Grenze dürfte bei ca. 30 bis 40 Personen erreicht sein. Anders liegen die Dinge beim einfachen palästinensischen Haus, das nur einen Raum aufweist, in dem sich das gesamte Leben abspielt. Aber auch in Palästina kannte man geräumigere Hausanlagen mit mehreren Zimmern, zwei bis drei Stockwerken und einem Innenhof. Es gab vor allem in Jerusalem und in den hellenistischen Städten (Caesarea z.B.) auch zahlreiche Häuser hellenistischen Zuschnitts.[15]

Wählt man den Ansatz für die Bestimmung der Hausgemeinde bei den Hausbewohnern, ergibt sich die Frage nach der soziologischen Zusammensetzung des antiken Oikos. Vom Alten Testament war schon kurz die Rede. Der griechische Befund ist davon nicht so weit entfernt. Nach *Aristoteles* (er spricht von Oikia, aber vgl. das soeben zur Semantik Gesagte) setzt sich die Familie als Baustein des Staates zunächst aus Freien und aus Sklaven zusammen. Das ist ein Wesensunterschied, der sich auf allen gesellschaftlichen Ebenen durchhält. Des näheren wird das Haus dann aber ganz vom Mann her in seiner dreifachen Rolle als Gatte, als Vater und als Herr (vgl. Od 1,397: οἴκοιο ἄναξ) definiert (Pol 1253b 4-8). „Alle Abhängigkeitsverhältnisse im Haus sind auf den Hausherrn bezogen, der als der leitende Kopf aus ihnen überhaupt erst ein Ganzes schafft“[16]. Hinzu gehören somit die Frau, die Kinder und die Sklaven, letztere aber nur als „lebendes Inventar“[17].

Nicht alle Elemente sind zur Konstituierung einer Familie vonnöten. *Ovid* nennt einen Minimalbestand, nur drei Menschen: Vater, Mutter und Tochter (Fast 4,543f: *tota domus laeta est, hoc est, materque paterque nataque: tres illi tota fuere domus*). Andererseits steht über der Kleinfamilie der Familienverband, der freie Verwandte einschließt und teils eigene Rechtsbarkeit besitzt.[18]

[14] Vgl. dazu im Literaturverzeichnis die Lexikonartikel von Fiechter, Robinson, Groß und Gottlieb-Krause, die Material, Skizzen und weiterführende Literatur bieten.

[15] Vgl. *S. Krauß*, Archäologie I, 9–48; *G. Dalman*, Arbeit VII, 45–175; die Lexikonartikel von Rösel und van den Born im Literaturverzeichnis. Interessant auch *T. Canaan*, Haus.

[16] *O. Brunner*, Haus 112. Vgl. zum frühgriechischen Hauswesen im Epos *F. Wagner*, Bild 115–148.

[17] Pol 1253b 32: κτῆμά τι ἔμψυχον.

[18] Vgl. *J. Gaudement*, RAC VII, 302f; *H.J. Wolff*, Beiträge 221f. Ebd. 237 zum

Angesichts dieses Befundes ist es methodisch verfehlt, den Oikosbegriff a priori limitieren zu wollen. Ob etwa Sklaven zum Haus gehören oder nicht, ob ein Haus auch Kinder umfaßt, all das sind keine grundsätzlichen Probleme, sondern gehen den Einzelfall an und sind nur von dorther zu beantworten. Die vorsichtig geäußerte Frage von *August Strobel*, ob nicht doch Oikos und Oikia wie *domus* und *familia* im Lateinischen verschiedenen Umfang aufweisen (mit und ohne Sklaven)[19], ist deshalb zu verneinen. „Die jeweilige Zusammensetzung eines οἶκος ist unterschiedlich und kann nur den näheren Angaben des Kontextes entnommen oder aus ihnen erschlossen werden“[20].

Die beiden Ansätze vom Wohnhaus und von der Familie her schließen sich nicht unbedingt aus. Verschiedene Übergänge sind denkbar. Wo sich Christen verschiedener Herkunft in einem Privathaus trafen, kann das die dort wohnende Familie kaum gleichgültig gelassen haben. Umgekehrt dürfte jeweils eine Familie den harten Kern oder die Keimzelle einer Hausgemeinde ausmachen, indem sie z.B. Freunde und Bekannte wirbt, sich aber auch für Fremde und Neuankömmlinge offen hält.

Damit genug der Theorie. Ehe wir zu den Texten übergehen, nur noch einige lexikalische Bemerkungen zu der präpositionalen Wendung κατ' οἶκον, die im Neuen Testament im Zusammenhang unseres Themas begegnet. Man kann sie umschreiben mit „hausweise“, „in einzelnen Häusern“, „zum Haushalt gehörig“, „häuslich“ o.ä. *Moulton-Milligan* 443 zitieren PRyl II 76,10.12, wo im Rahmen einer Erbschaftssache κατ' οἶκον „according to households“ meint, im Gegensatz zu κατὰ πρόσωπον, „according to individuals“. *Flavius Josephus* spricht von denen, „die im eigenen Haus (κατ' οἶκον) ein Opfer schlachten, um eines Gastmahls, nicht um der Gottesverehrung willen“ (Ant 4,74), oder, an anderer Stelle, von Beutestücken, die man in häusliche Benutzung überführt[21]. *Bauer* WB 1109 verweist ferner auf Diodor 17,28,4: κατ' οἰκίαν ἀπολαύσαντες τῶν βρωτῶν (= in den eigenen Häusern die Speise genossen habend, vgl. Apg 2,46). *Delling* bringt einen weiteren Papyrusbeleg, wo es einmal heißt: es erkrankten πάντες οἱ κατὰ τὴν οἰκίαν, und später: es grüßen euch οἱ κατὰ τὴν οἰκίαν πάντες.[22] Anführen kann man

pater familias in Rom.

[19] Begriff 93f.

[20] *P. Weigandt*, Oikosformel 62f. Vgl. zu οἶκος und *familia* noch *M. I. Finley*, Wirtschaft 8f.

[21] Ant 4,163: πλῆθος κατασκευῆς, ᾗ κατ' οἶκον ἐχρῶντο.

[22] Pap. Greci e Latini (PSI) IV 299, 14f.20f. Vgl. *G. Delling*, Taufe 301 Anm. 72; 306 Anm. 84.

auch noch die κατ' οἰκίαν ἀπογραφή in den Papyri.[23] Gemeint ist damit eine Steuerveranlagung (vgl. Lk 2,1-3), die sich „nach Häusern", „hausweise" vollzieht.

[23] Vgl. nur PFlor I 4,8; 5,11; 44,21; 301,9; SGUÄ 9639; PLond III 904,20; BGU 116,II,16f; Mitteis-Wilcken I Nr. 202–209 (mit Kommentar).

II. Die Hausgemeinde im urchristlichen Schrifttum

1. DIE PAULUSBRIEFE

1.1 1 Korinther und Römer 16

1.1.1 Die Hausgemeinde von Priska und Aquila

Die geprägte Wendung ἡ κατ' οἶκον ἐκκλησία, „die sich hausweise konstituierende Kirche", kommt in den Paulusbriefen viermal vor. In der kurzen Grußliste am Ende des ersten Korintherbriefs heißt es (1 Kor 16, 19f):

> Es grüßen euch die Kirchen (αἱ ἐκκλησίαι) Asiens.
> Es grüßt euch vielmals im Herrn Aquila und Priska samt der Gemeinde in ihrem Haus (σὺν τῇ κατ' οἶκον αὐτῶν ἐκκλησίᾳ).
> Es grüßen euch die Brüder alle.
> Grüßt einander mit heiligem Kuß.

Den ersten Korintherbrief hat Paulus in Ephesus geschrieben[1]. Dort also hat sich die Hausgemeinde von Aquila und Priska (bei Lukas Priszilla) konstituiert[2]. Aus einer zuverlässigen Einzeltradition in der Apostelgeschichte (Apg 18,2) wissen wir, daß dieses jüdische Ehepaar durch das Judenedikt des Kaisers Claudius aus Rom vertrieben wurde und sich kurze Zeit vor Paulus in Korinth niederließ. Strittig ist die genaue Datierung dieses Vorgangs. Gemeinhin kombiniert man die berühmte Stelle bei *Sueton*, Vita Claudii 25: *Iudaeos impulsore Chresto assidue tumultantis Roma expulit*, mit einer Nachricht des christlichen Schriftstellers *Paulus Orosius*, der in seinen *Historiae adversum Paganos* (um 417 n. Chr.) die Austreibung der römischen Juden durch Claudius auf das Jahr 49 n. Chr. datiert, unter Berufung auf Sueton und auf Flavius Josephus. Die entscheidende Textpassage lautet: *Anno eiusdem nono expulsos per Claudium Urbe Iudaeos Josephus refert.*[3]

---

[1] Vgl. *P. Vielhauer*, Geschichte 141.
[2] Zum folgenden *W.H. Ollrog*, Mitarbeiter 24–27. Ferner *A. Weiser*, EWNT I, 134f.
[3] Hist Adv Pag 7,6,15f (451,7–13 CSEL 5 Zangemeister).

Diese Datierung hat den einen großen Nachteil, daß sich im Schrifttum des Flavius Josephus, das vollständig auf uns gekommen ist, eine solche Angabe nirgends findet. Deshalb hat man die Notiz bei Sueton neuerdings mit einer Überlieferung bei *Dio Cassius* zusammengebracht (Dio Cass. 60,6,6), die gleichfalls sehr verzerrt ist, aber das gleiche Ereignis voraussetzt und ins Jahr 41 n. Chr., das erste Regierungsjahr des Kaisers Claudius, führt.[4] Dieser Neuansatz wird sich allerdings erst noch in der wissenschaftlichen Diskussion bewähren müssen. Daß sich daraus notwendig weitreichende Konsequenzen für die Pauluschronologie ergeben, kann hier nur angedeutet werden.

Wichtig ist für unsere Zwecke folgendes: aus einer genauen Lektüre der angeführten Zeugnisse ergibt sich, daß keineswegs alle römischen Juden von dem Edikt betroffen waren. Angesichts ihrer beträchtlichen Zahl wäre auch zu fragen, ob es sich dann überhaupt hätte durchführen lassen. Doch ging das Edikt lediglich jene kleinere Gruppe an, die in einen Tumult hereingezogen wurde, den das Eindringen des Christentums in jüdischen Kreisen Roms verursachte. Das heißt aber, daß man unter den Vertriebenen auch die ersten Christen Roms wird suchen müssen.

Höchstwahrscheinlich waren Priska und Aquila somit schon Christen, als sie Rom gezwungenermaßen verließen. Dafür spricht noch eine andere Beobachtung. Auffällig ist ja, daß Paulus nicht sie, sondern Stephanas und sein Haus „Erstlingsgabe Achaias" (1 Kor 16,15: ἀπαρχὴ τῆς Ἀχαΐας) nennt, woraus man fast entnehmen muß, daß Priska und Aquila vorher schon getauft waren. Lukas verschweigt diesen Sachverhalt, aus durchsichtigen Gründen. Für ihn begann das Christentum in Korinth erst mit Paulus und nicht schon mit Priska und Aquila.[5] Er hat insofern nicht Unrecht, als die beiden offensichtlich zunächst nicht selbständig missionierten. Nicht sie, sondern Paulus hat in Korinth als erster getauft (vgl. 1 Kor 1,16 mit 16,15). Vielleicht hatten ihre negativen Erfahrungen in Rom sie zur Vorsicht bewogen. Vielleicht liegt es aber auch nur daran, daß die Zeit zwischen ihrem Seßhaftwerden in Korinth und dem Eintreffen des Paulus zu kurz war für das Entfalten ihrer eigenen Tätigkeit.

Jedenfalls eröffnete Aquila, der an sich aus der römischen Provinz Pontus am Schwarzen Meer stammte (Apg 18,2), in Korinth als Zeltmacher oder

---

[4] Vgl. *G. Lüdemann*, Paulus 183–195.

[5] Vgl. *E. Haenchen*, Apg 512 Anm.: „Daß ein wegen des Konflikts mit Christen in Rom ausgewiesenes jüdisches Ehepaar ausgerechnet einem christlichen Missionar Arbeit und Wohnung gab, ist doch viel unwahrscheinlicher, als daß Paulus bei aus Rom geflüchteten Christen unterkam."

Lederarbeiter[6] einen Gewerbebetrieb, wohl als Ersatz für den, den er in Rom zurücklassen mußte. Für Paulus, der den gleichen Beruf ausübte, war das ein seltener Glücksfall. Im Haus von Priska und Aquila fand er nicht nur Glaubensgenossen, sondern zunächst auch Arbeit und Bleibe. Von hier aus entfaltete sich die korinthische Stadtmission, die zunächst sicher zur Bildung einer Hausgemeinde um Paulus und das Ehepaar führte. Die handwerkliche Tätigkeit, die Paulus so ermöglicht wurde, diente in diesem Kontext nicht nur der Sicherung seines Lebensunterhalts. Die Werkstatt bot darüber hinaus Möglichkeiten zum Sozialkontakt, die für das missionarische Wirken fruchtbar gemacht werden konnten.[7]

Mit Paulus gehen Priska und Aquila anderthalb Jahre später nach Ephesus (Apg 18,18f), wo sie gleich eine neue Hausgemeinde um sich sammeln (die von 1 Kor 16,19) und den Alexandriner Apollos bei sich aufnehmen, der zunächst noch der vertieften Glaubensunterweisung bedarf, die Priska und Aquila ihm zukommen lassen (Apg 18,26), später aber selbst erfolgreich als Lehrer in Korinth wirkt (1 Kor 3,4-6; Apg 19,1), wo eine Gruppe ihn sogar gegen den Gemeindegründer Paulus ausspielen will (1 Kor 1,12), was Apollos nicht zuläßt.

Zu überlegen ist auch, ob Priska und Aquila nicht als besser gestellte, freie Gewerbetreibende abhängige Arbeitskräfte oder Sklaven beschäftigten, die mit ihnen zogen und zum inneren Kreis der christlichen Hausgemeinde gehörten. Vermutet wurde das zum Beispiel für Epainetos und Maria, die in Röm 16,5f auftauchen. Sie sollen zum Gesinde von Priska und Aquila, die samt ihrer Hausgemeinde unmittelbar zuvor erwähnt sind, gehören.[8] Da Epainetos an gleicher Stelle „Erstlingsgabe Kleinasiens" (ἀπαρχὴ τῆς ᾿Ασίας) genannt wird, somit der erste Neugetaufte in der Gegend von Ephesus war, würde das zugleich aber bedeuten, daß er sich, wiewohl schon länger zum Haus gehörig, erst jetzt bekehrte. Oder ist er erst in Ephesus zu dem großen Haushalt hinzugestoßen und aus Anhänglichkeit von dort mit nach Rom gegangen? Das bleibt alles sehr ungesichert.

In der langen Grußliste im Schlußkapitel des Römerbriefes, aus der soeben schon zwei Namen zitiert wurden, treffen wir erneut auf Priska

---

[6] Vgl. zu dieser strittigen Frage im einzelnen *R. F. Hock*, Context 20–25.

[7] Vgl. *R. F. Hock*, Workshop 438–450, der auf Vergleichbares bei den kynischen Philosophen verweist.

[8] So *W. H. Ollrog*, Mitarbeiter 38 Anm. 164. Auch *O. Michel*, Röm 475: „Vielleicht gehört Epänetus in die Nähe des Aquila und der Priska, als Arbeiter in deren Geschäft oder als ein von ihnen Bekehrter."

und Aquila, diesmal innerhalb eines Grußauftrags, also nicht „es grüßen euch" wie in 1 Kor 16,19, sondern:

> Grüßt Priska und Aquila, meine Mitarbeiter (συνεργούς) in Christus Jesus...
> und auch die Gemeinde in ihrem Haus (καὶ τὴν κατ' οἶκον αὐτῶν ἐκκλησίαν).[9]

Man müßte demnach damit rechnen, daß Priska und Aquila nach den Stationen Korinth und Ephesus an ihren alten Wohnort Rom zurückgekehrt sind, dort erneut eine Hausgemeinde gründen und sich möglicherweise darauf vorbereiten, Paulus während seines geplanten Rombesuchs bei sich aufzunehmen. Sie wären dann an allen drei Orten gleichsam „Quartiermeister" des Apostels gewesen, in Korinth mehr durch Zufall, in Ephesus und Rom mit Absicht. *Lietzmann* stellt zwei weitere, ergänzende Überlegungen an. Ihr Geschäft in Rom hätten Priska und Aquila bei ihrer Vertreibung nicht aufgegeben, sondern von einem Sklaven als Prokurator verwalten lassen (aber schloß die Vertreibung nicht auch Einziehen des Eigentums ein? und war ein Sklave in diesem Sinn rechtsfähig?). Mit ihrer Rückkehr hätten sie gewartet, bis das Verbannungsedikt durch den Tod des Kaisers Claudius im Jahre 54 n. Chr. automatisch außer Kraft gesetzt wurde.[10]
Nun hat das Kapitel Römer 16 seine eigenen Probleme. Mit dem Friedenswunsch und dem Amen in Röm 15,33 scheint ein guter Briefschluß gegeben. Nicht unberechtigt ist auch die Frage, wieso Paulus in der fremden römischen Gemeinde soviele Bekannte hat, die er grüßen kann. „Man muß eine Art von Völkerwanderung aus den paulinischen Gemeinden des Ostens ... nach Rom voraussetzen, um so viele Freunde des Apostels in Rom begreiflich zu finden"[11]. Das Hin und Her von Priska und Aquila zwischen den drei Orten, das ja jeweils mit dem Aufbau einer neuen Existenz verbunden war, wirkt äußerst hektisch, wenn man von 49 n. Chr. als Datum der Verbannung ausgeht (dieses Argument verliert an Wert, wenn man damit bis 41 n.Chr. heruntergeht). Die sehr viel spätere Stelle 2 Tim 4,19 setzt erneut ihre Anwesenheit in Ephesus voraus. Verfügte der deuteropaulinische Verfasser über die besseren Traditionen? Oder konnte er nur Römer 16 nicht verwerten, weil es in seinem Exemplar des Römerbriefes fehlte?

---

[9] Röm 16, Vers 3 und Vers 5a.
[10] *H. Lietzmann*, Röm 128f.
[11] *A. Jülicher*, Einleitung 95 (in späteren Auflagen wieder modifiziert).

Es gab Fassungen des Römerbriefs, und zwar sehr alte Fassungen, ohne Kapitel 16 oder ohne Kapitel 15–16. P^{46}, ein Papyruskodex aus der Zeit um 200 n. Chr., läßt zum Beispiel Röm 16,1–23 aus. In der übrigen Textüberlieferung sind die verschiedenen Kurzfassungen durch die wechselnde Stellung der sekundären Schlußdoxologie Röm 16,25–27 noch erkennbar.[12] Es ist daher nicht ganz aus der Luft gegriffen, wenn man vermutet, Röm 16, 1–23 sei ein selbständiges Empfehlungsschreiben des Paulus für Phoebe (Röm 16,1f) oder das Fragment (!) eines verloren gegangenen Briefes nach Ephesus, wo Priska und Aquila sich nach der Apostelgeschichte und dem ersten Korintherbrief zuletzt aufhielten.[13]
Diese Hypothese war fast schon auf dem Weg, Gemeingut der kritischen Forschung zu werden. Doch schlägt das Pendel neuerdings in die Gegenrichtung aus. Zu *Jülichers* „Völkerwanderung" bemerkte schon *Lietzmann*: „sie fand auf einem Schiffe Platz"[14]. Es ist nicht auszuschließen, daß Paulus eine Reihe der Personen aus Römer 16 unter den gleichen Umständen kennenlernte wie Priska und Aquila, als Vertriebene, die im Exil auf die Aufhebung des Judenedikts und die Möglichkeit zur Heimkehr warteten, was inzwischen eingetreten war.[15] Die textkritisch bezeugten Kurzfassungen ohne Kapitel 16 oder Kapitel 15-16 könnten auf eine katholisierende Redaktion zurückgehen, die dem Brief die letzten Reste seiner Situationsgebundenheit raubte, um ihn rein als theologisches Grundsatzprogramm erscheinen zu lassen. Ohne Römer 16 bleibt sogar trotz Röm 15,33 das Strukturmuster des Briefformulars unvollständig. Es fehlen die Grüße. Auch die besondere Funktion der überlangen Grußliste, die in den anderen Paulusbriefen keine wirkliche Parallele hat, läßt sich erklären. Paulus stellt die persönlichen Bande nach Rom betont heraus, um sich in der römischen Gemeinde, die ihm als ganze gewiß fremd war, eine günstige Ausgangsposition zu verschaffen.[16]
Nach erneutem Überdenken des ganzen Problems neige ich doch zu der Ansicht, daß Römer 16 ohne die Doxologie in V. 25-27 einen integralen Bestandteil des Römerbriefs bildet[17], unter anderem auch deshalb, weil es

---

12 Bestandsaufnahme bei *H. Gamble*, History 15–35.

13 Vgl. zur Diskussion *P. Vielhauer*, Geschichte 187–190; *U. Wilckens*, Röm I, 22–27.

14 Röm 129.

15 Vgl. *O. Michel*, Röm 479.

16 Zum Ganzen besonders *H. Gamble*, History 36–126. Dann *W. H. Ollrog*, Abfassungsverhältnisse, der sich aber textkritisch nicht informiert zeigt, Gamble nicht kennt und neben der Doxologie auch Röm 16,17–20a für einen unpaulinischen Einschub hält.

17 Anders noch *H. J. Klauck*, Hausgemeinde 4.

verschiedene, sich ergänzende Hinweise für Hausgemeinden in Rom gibt, was mit Römer 16 in Einklang steht. Ehe wir in dieser Richtung weiterfragen, seien die Ausführungen über Priska und Aquila kurz zu Ende gebracht.

Es handelt sich bei den beiden in jedem Fall um ein sehr rühriges Paar. Paulus spricht von ihnen nur mit größter Hochachtung (Röm 16,4):

> Sie haben für mein Leben ihren eigenen Kopf hingehalten. Nicht allein ich habe ihnen zu danken, sondern auch alle Gemeinden aus der Reihe der Heiden.

Das spielt vermutlich auf ihren mutigen Einsatz während einer ephesinischen Gefangenschaft des Apostels an, die nicht direkt berichtet wird, sich aber aus verschiedenen Indizien mit hinreichender Sicherheit erschließen läßt (vgl. nur 2 Kor 1,8f). Nicht übersehen sollte man, daß in diesem Satz (Röm 16,4) Judenchristen der ersten Stunde den vorwiegend heidenchristlichen Gemeinden wärmstens anempfohlen werden. Festzuhalten ist ferner, daß an drei Stellen Priska zuerst genannt wird, vor ihrem Mann Aquila (nämlich Apg 18,18.26 und Röm 16,3; dazu noch 2 Tim 4,19). Das veranlaßte *Harnack* zu der Formulierung: „die Missionarin Prisca und ihr Gatte Aquila“[18]. Dieser Befund ist sicher nicht als Höflichkeit zu verstehen, nach dem Motto „Ladies first“, es werden im Gegenteil die antiken Konventionen durchbrochen, was auf die besondere Bedeutung dieser Frau für die urchristliche Mission hinweist. Sie entfaltete ihre weittragende Wirksamkeit von der Basis ihrer Hausgemeinde aus. Über keine andere urchristliche Hausgemeinde besitzen wir ein solches Maß an Informationen wie über ihre.

1.1.2 Hausgemeinden in Rom

Mit der Existenz von verschiedenen Hausgemeinden in Rom müßten wir rechnen, auch wenn keine textliche Evidenz vorhanden wäre. Dafür spricht einmal ein Analogieschluß von der Organisationsform der jüdischen Gemeinschaft in Rom her, die sich nach inschriftlichen Zeugnissen um eine Reihe von einzelnen (Haus-)Synagogen sammelte.[19] So kennen wir, um nur drei Beispiele zu nennen, aus Grabinschriften eine Synagoge der Augustusleute (CIJ 301/368: ...συναγωγῆς Αὐγουστησίων), eine

---

[18] Mission I, 85; vgl. auch *R. Schumacher*, Aquila 88.

[19] Vgl. CIJ 1–532; *W. Wiefel*, Gemeinschaft 71–75; *U. Wilckens*, Röm I, 35–39. 68f.

Synagoge der Hebräer (CIJ 510: ...συναγωγῆς Ἑβραίων) und eine Synagoge des Ölbaums (CIJ 281/509: ...συναγωγῆς Ἐλαίας). Die Verstorbenen werden durch ihre Zugehörigkeit oder ihre Funktion in der Synagogengemeinde charakterisiert.

Von römischen Hauskirchen wird im Abschnitt über den archäologischen Befund noch zu reden sein, ebenso von der Hausgemeinde des Justin in Rom, die wir aus seinen Märtyrerakten belegen können. Am Rande notiert sei hier noch die Meinung, die *Dobschütz* beiläufig äußert, nämlich „daß der Hebräerbrief den Eindruck macht, nicht an die Gesamtheit der Christen Roms, sondern an einen bestimmten Kreis, eine Hausgemeinde, geschrieben zu sein"[20]. Es fragt sich aber, ob man den Adressatenkreis des Hebräerbriefs derart präzis benennen kann. Soweit ich sehe, ist die Forschung in diesem Punkt heute sehr zurückhaltend geworden.

Eine Textgrundlage, die mit diesen anderweitigen Beobachtungen in Einklang steht, ergibt sich nun, wenn man Römer 16 nach Rom gerichtet sein läßt. Denn dort sind neben der Hausgemeinde von Priska und Aquila wenigstens zwei weitere Hausgemeinden angesprochen, und zwar in V. 14f, wo Paulus schreibt:

> Grüßt Asynkritos, Phlegon, Hermes, Patrobas, Hermas und die Brüder, die bei ihnen sind (καὶ τοὺς σὺν αὐτοῖς ἀδελφούς).
> Grüßt Philologus und Julia, Nereus und seine Schwester, Olympas und alle Heiligen, die bei ihnen sind (καὶ τοὺς σὺν αὐτοῖς πάντας ἁγίους).

Die namentlich Genannten gehören anscheinend zu je einem Hauswesen, teils als Verwandte (Nereus und seine Schwester, möglicherweise auch Philologus und Julia als Mann und Frau), teils als Sklaven oder Freigelassene. Manche der Namen deuten in diese Richtung, wie *Lietzmann* in einem materialreichen Exkurs gezeigt hat[21]. Phlegon war bei *Xenophon* noch ein Hundename und wurde dann auf Sklaven übertragen. Philologus heißt bei *Plutarch* ein Freigelassener von Ciceros Bruder Quintus.[22] Mythologische Namen oder Götternamen wie Hermes, Hermas, Nereus wurden zunächst nur und mit Vorliebe an Sklaven vergeben. Die unspezifiziert bleibenden „Brüder" und „Heiligen" hingegen dürften eher christliche Besucher und Gäste sein, die sich im Haus der Namensträger zum

[20] *E. von Dobschütz*, Gemeinden 140.
[21] Röm 126f.
[22] Plut., Cic 48,2 und 49,2.

Gottesdienst versammeln und mit ihnen zusammen zwei römische Hausgemeinden bilden.[23]

Etwas anders liegt der Fall jedoch in Röm 16,10f, wo es heißt:

> Grüßt Apelles, den in Christus bewährten.
> Grüßt die aus dem Hauswesen des Aristobul (τοὺς ἐκ τῶν Ἀριστοβούλου).
> Grüßt Herodion, meinen Volksgenossen.
> Grüßt die aus dem Hause des Narzissus, die (oder: sofern sie) im Herrn sind (τοὺς ἐκ τῶν Ναρκίσσου τοὺς ὄντας ἐν κυρίῳ).

Ob es sich bei Aristobul um ein Mitglied des herodianischen Königshauses handelt, das sich gerade in Rom aufhält, und bei Herodion, der jedenfalls Jude ist (συγγενῆ μου), um einen „Herodianer" aus seiner Gefolgschaft, kann man allen Ernstes fragen, obwohl sich ein schlüssiger Beweis nicht wird erbringen lassen. Immerhin wuchs Herodes Agrippa I (10 v. Chr. – 44 n. Chr.; vgl. Apg 12,1–23) in Rom auf, wurde von Caligula zum König gemacht und war mit Claudius befreundet. Er hatte einen Bruder und einen Neffen namens Aristobul, die gleichfalls in privaten Verbindungen nach Rom standen.[24] Wie dem auch sei, man wird sehr bezweifeln, ob Aristobul aus Röm 16,20 selbst Christ war.

Narzissus[25] aus V. 11 war mit ziemlicher Sicherheit kein Christ, auch wenn ihn die spätere Tradition zu einem Presbyter machte (vgl. Act Petr 3f). Zu offenkundig ist die einschränkende Funktion des Nachsatzes: nur die aus seinem Haus sollen gegrüßt werden, die Christen sind. In beiden Fällen gelten die Grüße des Paulus demnach einer Gruppe von Sklaven oder sonstigen Hausangehörigen innerhalb eines großen Haushalts, dessen wohlhabender Herr ihrem Treiben vielleicht verwundert oder desinteressiert zusehen mochte.

Zum Vergleich sind die „Leute der Chloe" aus 1 Kor 1,11 heranzuziehen. Auch hier ist am ehesten an Sklaven einer zu Reichtum gekommenen Freigelassenen zu denken (bei Familienangehörigen würde man den Namen des Vaters erwarten, auch bei einer Witwe[26]; Chloe, „die Grüne",

---

[23] Vgl. *E. Käsemann*, Röm 395: „Die Aufzählungen in 14 und 15 beziehen sich auf die repräsentativen Glieder zweier Hausgemeinden, zu denen eine ungenannte Zahl weiterer Christen gehören."

[24] Vgl. *O. Michel*, Röm 477 Anm. 30.

[25] Narzissus hieß ein Freigelassener, der zum engsten Vertrauten und Mitarbeiter des Kaisers Claudius aufstieg, vgl. Suet., Vit Claud 28.

[26] Vgl. *G. Theißen*, Studien 254f.

ist ein Epitheton der Korngöttin Demeter und deutet auf Herkunft der Namensträgerin aus dem Sklavenstand[27]), wobei offen bleibt, ob diese selbst Christin war oder nicht.
An dieser Stelle kann schließlich auch Phil 4,22 eingebracht werden:

> Es grüßen euch alle Heiligen,
> vor allem aber die aus dem Haus des Kaisers
> (οἱ ἐκ τῆς Καίσαρος οἰκίας).

Das bedeutet nicht, daß der christliche Glaube schon früh im Haushalt des Kaisers in Rom Fuß faßte[28], unter Umständen bei hochgestellten Angehörigen. „Die vom Haus des Kaisers" ist ein fast technischer Ausdruck für Sklaven und Freigelassene des Kaisers, die in seinem Auftrag im ganzen Reich, besonders aber in den wichtigen Städten tätig waren und vorwiegend mit Finanz- und Wirtschaftsangelegenheiten zu tun hatten.[29] Möglicherweise waren sie an den einzelnen Orten vereinsmäßig organisiert. In Ephesus, wo der Philipperbrief niedergeschrieben wurde, gab es solche Kaisersklaven, von denen sich einige offenkundig zum Christentum bekehrt hatten, aber durch ihren besonderen Stand als geschlossene Gruppe identifizierbar blieben.[30] Für Hausgemeinden ist der Stelle direkt nichts zu entnehmen, indirekt jedoch wie auch Röm 16,10f dies, daß längst nicht alle Christen in der Lage waren, den Haushalt, in dem sie lebten, in eine Hausgemeinde zu verwandeln. Nur wenige dürften sich von den äußeren Vorbedingungen her überhaupt dazu im Stande gefühlt haben.
Aus Römer 16 verdienen abschließend noch Andronikus und Junia in V. 7 erwähnt zu werden:

> Grüßt Andronikus und Junia,
> meine Volksgenossen und meine (früheren) Mitgefangenen,
> die herausragen unter den Aposteln,
> (und) die auch schon vor mir in Christus waren.

---

[27] Und nicht etwa auf einen Verein von korinthischen Demetermysten, wie *F. R. M. Hitchcock*, People 163–167, meint.

[28] So versteht es die Passio Pauli 1 (I, 24,3–5 Lipsius–Bonnet): *concursos quoque multus de domo Caesaris fiebat ad eum credentium in dominum Jesum Christum.*

[29] Vgl. *A. Deissmann*, Licht 202 Anm. 3 und 127: „die Grüße ... stammen nicht von Prinzessinnen und Ministern, sondern von einfachen kaiserlichen Sklaven, kleinen Schreibern, die in Ephesos vielleicht bei Finanz- oder Domänenbehörden beschäftigt waren".

[30] Vgl. *J. Gnilka*, Phil 182. Vgl. ebd. 166 auch den Hinweis, daß der Streit von

Junia ist es in der neuesten Exegese schlecht ergangen. Man hat sie konsequent zum Mann gemacht, in Kommentaren (*Käsemann* z. B.), in der Einheitsübersetzung, selbst in kritischen Textausgaben ([26]*Nestle-Aland*), und zwar ohne eine andere Möglichkeit überhaupt noch in Betracht zu ziehen, was ganz sicher nicht angeht. Der Akkusativ IOYNIAN in den Majuskeln läßt sich als Ἰουνίαν (vom Frauennamen Ἰούνια) oder als Ἰουνιᾶν (vom Männernamen Ἰουνιᾶς) auflösen. Aber der fragliche Männername ist im Gegensatz zum Frauennamen praktisch nicht belegt, und die patristische Exegese wußte noch sehr wohl, daß Junia eine Frau war.[31]
Für uns ist die Stelle interessant, weil man Andronikus und Junia dann als ein missionierendes Ehepaar nach der Art von Aquila und Priska oder von Petrus und seiner Frau (1 Kor 9,5) ansehen darf, was den Stellenwert einer gläubigen Familie für den Gemeindeaufbau unterstreicht. Einem ähnlichen textkritischen Problem werden wir im übrigen in Kol 4,15 begegnen, wo wieder eine Hausgemeinde angesprochen ist.

1.1.3 Hausgemeinden in Korinth

Auch für Hausgemeinden in Korinth ist aus den Texten noch einiges zu gewinnen. Röm 16,1 beginnt:

> Ich empfehle euch auch unsere Schwester Phoebe,
> gegenwärtig Dienerin der Gemeinde in Kenchreä
> (οὖσαν [καὶ] διάκονον τῆς ἐκκλησίας τῆς ἐν Κεγχρεαῖς).

Fast nebenher fällt hier zum ersten Mal im theologisch so gewichtigen Römerbrief das Wort ἐκκλησία. Kenchreai ist einer der beiden Häfen von Korinth (der andere war Lechaion), etwa 7 km südöstlich der Stadt am Meer gelegen.[32] Der mythologische Name Phoebe läßt wiederum Herkunft aus dem Sklavenstand vermuten. Doch muß Phoebe inzwischen zu

---

Evodia und Syntyche in Phil 4,2 gelegentlich auf dem Hintergrund antipaulinischer Hausgemeinden gedeutet wurde.

[31] Vgl. *G. Lohfink*, Diakone 391–393.

[32] Zur Archäologie vgl. *R. Scranton* u. a., Kenchreai. Abweichend *W. Michaelis*, Kenchreä, der Kenchreai als ein Städtchen in der Troas oder als Stadtteil von Ephesus ansieht. Diese kaum haltbare Konstruktion steht im Dienst seiner These, der Römerbrief sei nicht in Korinth, sondern in Philippi geschrieben worden. In Kenchreai spielen sich nach Apul., Met 10,35,2 (*Cenchreas pervado, quod oppidum audit quidem nobilissimae coloniae Corinthiensium*), die Isisprozession und die Isismysterien ab, von denen Met 11 berichtet.

Selbständigkeit und einigem Wohlstand gelangt sein, sonst könnte sie sich nicht die Reise leisten, für die Paulus ihr seine Empfehlungen mit auf den Weg gibt. Solche Empfehlungen waren übrigens im Fall einer allein reisenden Frau besonders angebracht.
Der Dienst der Phoebe wird wesentlich darin bestanden haben, daß sie als Gastgeberin fungierte und die Filialgemeinde von Kenchreai, die von Korinth aus gegründet worden war, in ihrem Haus beherbergte. Ihre Bezeichnung als προστάτις, was eigentlich nach Ausweis der Lexika „Patronin", „Vorsteherin" bedeutet, in V. 2 gibt das her.[33] Vielleicht darf man auch daran erinnern, daß das Verb διακονεῖν öfter im Kontext des Tischdienstes auftaucht.[34]
Nach dem Bericht der Apostelgeschichte über den Gründungsaufenthalt des Paulus in Korinth blieb der Apostel nur eine zeitlang im Haus von Priska und Aquila, denn Apg 18,7 sagt:

> Und er begab sich von dort weg und ging in das Haus eines Gottesfürchtigen (σεβομένου τὸν θεόν) mit Namen Titius Justus, dessen Haus unmittelbar an die Synagoge angrenzte.

Bei den Ausgrabungen in Korinth wurde eine Synagogeninschrift gefunden[35], doch stammt sie erst aus späterer Zeit[36]. Von der Existenz einer jüdischen Gemeinde im Korinth des Paulus wissen wir aber auch aus zeitgenössischen literarischen Zeugnissen.[37] Apg 18 enthält historisch zuverlässige Einzeltraditionen, die aber vorlukanisch nicht unbedingt in einem zeitlichen Zusammenhang gestanden haben. De facto kann die Umsiedlung von Apg 18,7 einen späteren Besuch des Paulus in Korinth reflektieren.[38] Man hat ferner erwogen, daß Aquila und Priska als Neuankömmlinge für ihr Geschäft nicht die beste Lage aussuchen konnten, sondern nehmen mußten, was sie bekamen, während Paulus vom Haus des Titius Justus aus besser im Umfeld des Judentums predigen und missionieren konnte, wo die Erfolgsaussichten besonders günstig waren. „Gottesfürchtig" heißt der neue Gastgeber des Paulus deshalb, weil er bereits mit dem Judentum sympathisierte, sich aber zur Beschneidung

[33] Anders die Kommentare und *G. Lohfink*, Diakone 388–391, die auf „Beistand" o. ä. ausweichen.
[34] Z. B. Mk 1,13.31; Lk 10,40; Joh 12,2; Apg 6,2.
[35] Der Text bei *B.D. Meritt*, Inscriptions Nr. 111.
[36] Vgl. *F. J. M. de Waele*, Geschiedenis 164f: 2./3. Jh. n. Chr.; sehr ungenau CIJ 718.
[37] Vgl. Philo, Leg Gaj 281; Just., Dial 1,3.
[38] Vgl. *G. Lüdemann*, Paulus 176–180.

und zum vollen Übertritt als Proselyt noch nicht hatte entschließen können. Daß er sich nahe der Synagoge niedergelassen hatte, war sicher Absicht. *Filson* gibt mit Recht zu bedenken, daß Gottesfürchtige wie Titius Justus bereits durch die Absage an den heidnischen Glauben ihrer Vorfahren und ihrer Umwelt zugunsten der vielfach befeindeten jüdischen Religion Mut und Entschlossenheit unter Beweis stellten. Diese innere Unabhängigkeit erleichterte nicht nur ihren Übertritt zum Christentum, sondern ließ sie auch zu geeigneten Kandidaten für Führungspositionen werden, vor allem dann, wenn sie über ein Haus und eine Hausgemeinde verfügten: „In a mission movement which required resourcefulness and courage, they were likely candidates for leadership ... everything in such a situation favored the emergence of the host as the most prominent and influential member of the group“[39].
Weitere potentielle Hausbesitzer in der Gemeinde von Korinth sind der städtische Beamte Erastos und der Synagogenvorsteher Krispus. Den Erastos nennt Paulus in Röm 16,23 οἰκονόμος τῆς πόλεως. Was seinen Beruf und seine Stellung angeht, gibt es zwei Möglichkeiten. Entweder war er nur ein kleiner, in der Finanzverwaltung beschäftigter Stadtsklave. Dann fällt er für unsere Zwecke aus. Oder aber er war Quaestor und später Aedil, somit in leitender Stellung in der Stadtverwaltung tätig und „bis in die Reihe der Honoratioren (mit vorwiegend lateinischer Herkunft) aufgestiegen“[40]. In diesem Fall hätte er zweifellos über ein standesgemäßes Haus verfügt. Ein Aedil namens Erastus ist sogar durch eine korinthische Inschrift bezeugt:

> *Erastus pro aedilit[at]e*
> *s(ua) p(ecunia) stravit.*[41]
> Erastus ließ von seinem Geld (das Straßenpflaster)
> legen, aus Anlaß seiner Wahl zum Aedil.

Zeigt uns diese Inschrift den Erastus von Röm 16,23 zu einem späteren Zeitpunkt seiner Karriere (Aedil wurde man jeweils auf ein Jahr)? Bestätigt sie also seinen hohen gesellschaftlichen Rang und implizit seinen Hausbesitz? Die Forschung hat sich in dieser Frage bis heute nicht einigen

---

[39] *F. V. Filson*, Significance 112. Zu Gottesfürchtigen und Proselyten generell *K. G. Kuhn – H. Stegemann*, PRE Suppl. IX, 1248–1283.
[40] *G. Theißen*, Studien 245.
[41] Text bei *J. H. Kent*, Inscriptions Nr. 232. Eine genaue Datierung scheint nicht möglich, die Herkunft aus dem 1. Jh. n. Chr. nicht ausgeschlossen.

können. Zumindest muß die Möglichkeit der Identität offengehalten werden.[42]
Der jüdische Archisynagogos Krispus trat „mit seinem ganzen Haus" (Apg 18,8), das heißt hier mit seiner Familie und sonstigem Anhang, zum Christentum über und wurde von Paulus selbst getauft (1 Kor 1,14). Synagogenvorsteher waren oft recht wohlhabende Leute. Teils erwartete man von ihnen, daß sie Aufbau oder Instandhaltung des Synagogengebäudes aus ihrer eigenen Tasche[43] mitfinanzierten. Privater Hausbesitz ist hier so gut wie sicher.
Auch Stephanas, der Erstbekehrte von Korinth, wurde mit seinem Haus (1 Kor 1,16: οἶκον), also samt Familie und Gesinde, von Paulus getauft. Er selbst ist Paulus später nach Ephesus nachgereist (1 Kor 16,17) und hat bei dieser Gelegenheit möglicherweise den korinthischen Fragebrief (vgl. 1 Kor 7,1: περὶ δὲ ὧν ἐγράψατε) überbracht. Erstgetaufte behielten anscheinend beim weiteren Aufbau der Gemeinde eine anerkannte und verantwortungsvolle Sonderstellung bei. Paulus schreibt in 1 Kor 16,15:

> Ihr kennt doch das Haus (τὴν οἰκίαν) des Stephanas.
> Es ist die Erstlingsgabe Achaias,
> und sie haben sich selbst in den Dienst (εἰς διακονίαν) für die Heiligen gestellt.

Es folgt die Mahnung, sich ihnen unterzuordnen, wie überhaupt jedem, der mitarbeitet und sich abmüht (1 Kor 16,16). Darin werden Leitungsfunktionen erkennbar, die aber im besonderen Einsatz begründet liegen. Man ist versucht, den Dienst, den Stephanas und seine Angehörigen der Gemeinde in so hervorragender Weise leisten, mit dem Dienst der Phoebe in Röm 16,1f zu vergleichen. Sollte er nicht ihr Wohnhaus als Versammlungsstätte einbezogen haben? Beachtung verdient mehr am Rande, im Blick auf die Semantik, der Wechsel von οἶκος in 1 Kor 1,16 zu οἰκία in 1 Kor 16,15, der sich ohne erkennbare Bedeutungsdifferenz vollzieht.
Den Römerbrief schließlich schreibt oder besser diktiert[44] Paulus in

[42] Ablehnend *H. J. Cadbury*, Erastus; positiv wieder Theißen und Kent (s. Anm. 40f). Vgl. zuletzt *W. Elliger*, Paulus 230: „Die Gleichsetzung des biblischen Erastos mit dem inschriftlichen Erastus läßt sich historisch nicht sichern, sie gehört aber keinesfalls in den Bereich der Legende."

[43] CIJ 548/766: ἐκ τῶν ἰδίων. Zu ἀρχισυναγωγός vgl. etwa CIJ 553; 584; 1404; SEG XX 462.

[44] Vgl. Röm 16,22: „Ich grüße euch, ich, Tertius, der ich den Brief geschrieben habe, im Herrn." Daß in V. 23 wieder Paulus selbst spricht, wird, wenn ich richtig sehe, von niemandem bezweifelt.

Korinth im Haus des Gajus, der ebenfalls zu seinen Täuflingen zählt (1 Kor 1,14). Von ihm sagt er in Röm 16,23:

> Es grüßt euch Gajus,
> mein Gastgeber und (Gastgeber) der ganzen Gemeinde
> (ὁ ξένος μου καὶ ὅλης τῆς ἐκκλησίας).

Die Kommentatoren legen das überwiegend dahingehend aus, daß Gajus stellvertretend für die Gemeinde oder in ihrem Auftrag durchreisende Christen gastlich aufnimmt. Sein Haus sei nur Unterkunft, nicht Versammlungsraum.[45] Es fragt sich aber, worauf in diesem Vers ἐκκλησία zu beziehen ist, denn darin liegt ein meist verkanntes Problem. Wenn man den eben erwähnten Sinn herausholen will, kann man unter ὅλης τῆς ἐκκλησίας eigentlich nicht länger die „ganze Gemeinde" von Korinth verstehen, oder man müßte paraphrasieren: „als Gastgeber (für Fremde) fungierend in Stellvertretung für die ganze korinthische Gemeinde". Das aber steht nicht im Text und das gibt der Text auch nicht her. Konsequenterweise wäre ἐκκλησία dann universal zu fassen: Gajus als Gastgeber der „ganzen Kirche", in dem Sinn, daß die durchreisenden Christen, die er beherbergt, exemplarisch Glieder der Gesamtkirche sind. Dieser universale Gebrauch von ἐκκλησία im Singular kommt aber in den echten Paulusbriefen wenn überhaupt, dann nur ganz selten vor[46] und muß hier ausscheiden (daß Paulus dennoch ein übergreifendes Gemeinde- und Kirchenverständnis besaß, steht auf einem anderen Blatt und kann die sprachliche Entscheidung nicht beeinflussen).

Ein viel zwangloseres Textverständnis ergibt sich, wenn man mit einer anderen, alten Auslegungstradition[47] annimmt, daß das Haus des Gajus von einem bestimmten Zeitpunkt an der regelmäßige Treffpunkt der gesamten Ortsgemeinde von Korinth (ὅλης τῆς ἐκκλησίας) war, viel-

---

[45] *E. Käsemann*, Röm 401; *H. Schlier*, Röm 451; *H. Lietzmann*, Röm 128. Unklar *O. Michel*, Röm 483 mit Anm. 60.

[46] Gal 1,13; Phil 3,6 und 1 Kor 15,9 gelten nur von der palästinensischen Urgemeinde, vgl. *J. Roloff*, EWNT I, 1002. Einzelgemeinden sind angesprochen in 1 Thess 1,1; Gal 1,2; Phil 4,15; Röm 16,1.5; Phlm 2; 1 Kor 1,2; 4,17; 6,4; 11,22; 14,4f.23; 16,19; 2 Kor 1,1. In 1 Kor 11,18 und 14,19.28 schimmert die Grundbedeutung „Versammlung" am deutlichsten durch. Zur Kennzeichnung übergreifender Linien steht in der Regel der Plural, so in 1 Thess 2,14; Gal 1,22; Röm 16,4.16; 1 Kor 7,17; 11,16; 14,33; 16,1.19; 2 Kor 8,1.18f.23f; 11,8.28; 12,13. Universalistischer klingen lediglich 1 Kor 10,32 und 12,28. Zum Ganzen vgl. *J. Hainz*, Ekklesia 229–255.

[47] Vgl. PG 14, 1289C (Römerbriefkommentar des Origines in der freien lateinischen Übertragung des Rufin). Vgl. jetzt *G. Theißen*, Studien 228.250f.

leicht deshalb, weil es als einziges für die inzwischen angewachsene Gemeinde genügend Platz bot. Das erhält eine starke Stütze von 1 Kor 14,23 her, wie gleich zu zeigen ist. Ich frage mich wirklich, woran es eigentlich liegt, daß diese ernstzunehmende Möglichkeit in den Kommentaren meist so leichthin abgetan wird.
Nimmt man die These vom Haus des Gajus als Ort der Vollversammlung mit den anderen Beobachtungen zu Hausbesitzern und potentiellen Hausgemeinden in Korinth zusammen, wird man zu dem Schluß kommen, daß es in Korinth ein Nebeneinander von Ortsgemeinde und verschiedenen Hausgemeinden und somit auch unterschiedliche Versammlungstypen gab. Zwar meint *Carl Andresen*, daß die Soma-Ekklesiologie des Apostels für seine eigenen Gemeinden „nur eine Abendmahlsgemeinschaft der Ortsgemeinde" zulasse, rechnet dafür aber mit einer Mehrzahl von Hausgemeinden in Antiochien, und zwar deshalb, weil die unterschiedlichen Abendmahlstexte bei Paulus und Markus letztlich in Antiochien beheimatet seien und ihre Differenzen dem abweichenden Gebrauch in einzelnen Hausgemeinden verdankten.[48] Dazu ist zu sagen, daß die textliche Evidenz für Hausgemeinden in Korinth ungleich besser ist als die für Hausgemeinden in Antiochien (an deren Existenz ich im übrigen so wenig wie Andresen zweifle). Vielleicht kann man auch aus 1 Thess 5,27: „dieser Brief soll vor allen Brüdern verlesen werden", entnehmen, daß der Schreiber nicht von einer Vollversammlung ausgeht, sondern mit Teilversammlungen in einzelnen Hausgemeinden rechnet.[49]
Auf dem richtigen Wege befand sich schon *Paul Wernle*, als er schrieb: „Zu gemeinsamen Mahlzeiten und Zusammenkünften sollte ... der Erstgetaufte, oder wer gerade vermöglich war, einen Saal den Brüdern zur Verfügung stellen. Nahm die Gemeinde zu, so fand sie sich in verschiedenen Häusern zur Mahlzeit zusammen, während eine Hauptversammlung zu wichtigen Beschlüssen und Festen verordnet war"[50]. Das läßt sich von den Texten her noch genauer fassen.
In Kor 14,23 ist eine solche Vollversammlung vorausgesetzt:

> Ἐὰν οὖν συνέλθῃ ἡ ἐκκλησία ὅλη ἐπὶ τὸ αὐτό...
> Wenn nun die ganze Gemeinde an einem Ort zusammenkommt...

---

[48] Geschichte I, 3. Vgl. unten Anm. 64.
[49] Vgl. *A. J. Malherbe*, Aspects 70.
[50] Paulus 23f. Vgl. *J. Hainz*, Ekklesia 91f, der gleichfalls mit Teilversammlungen in kleinen Kreisen zum Mahl und mit einer Vollversammlung für den Wortgottesdienst rechnet. Ferner *J. Wagner*, Eucharistiefeiern 15: „Dabei wird man in den Großstädten des Imperiums mit einer Mehrzahl von Hausgemeinden rechnen müssen."

Teils wird die gleiche Begrifflichkeit wie in Röm 16,23 gebraucht (ἡ ἐκκλησία ὅλη), das spricht erneut für das Haus des Gajus als Ort dieses Treffens. Andere Termini (συνέρχεσθαι, ἐπὶ τὸ αὐτό) werden uns in 1 Kor 11, in der Apostelgeschichte und bei Justin als technische wiederbegegnen.

Inhalt der Vollversammlung von Kapitel 14 ist dem Text nach zunächst der charismatische Predigt- und Wortgottesdienst. Ob auch das Herrenmahl in diesen Rahmen hineingehört, ist eine Frage, in der sich seit je die Meinungen konträr gegenüberstehen. Während *Carl Weizsäcker* wie selbstverständlich zwei verschiedene Versammlungstypen annahm[51], formuliert *Albert Schweitzer* apodiktisch: „Jeder Versuch, für die Urgemeinde ein Nebeneinander von Mahlfeier und Wortgottesdienst anzunehmen, führt zu einem Gefasel"[52]. *Oscar Cullmann* setzt die von Schweitzer initiierte Linie fort[53], ihm widerspricht *Walter Schmithals*[54]. Das Dilemma dauert noch immer an.[55]

Das stärkste Argument für eine einheitliche Versammlung ist die parallele Wortwahl in 1 Kor 14 und in 1 Kor 11, wo vom Herrenmahl gehandelt wird. Von allen Paulusbriefen kommt nur in 1 Kor 14,23.26 und in 1 Kor 11,17f.20.33f συνέρχεσθαι vor, zweimal in Verbindung mit ἐπὶ τὸ αὐτό (14,23 und 11,20). Hier liegt ein Fachausdruck für die Konstituierung der gottesdienstlichen Versammlung vor. Kann man das „Zusammenkommen zum Essen" (11,33: συνέρχεσθαι εἰς τὸ φαγεῖν) dennoch vom Zusammenkommen zum Gebet in Kapitel 14 abheben? Die Auferbauung der Gemeinde (Wortfeld von οἰκο-δομεῖν, οἰκο-δομή), in 1 Kor 14,4.5. 12.17.26 thematisiert, ist in 1 Kor 8,1.10 und in 1 Kor 10,23 eng mit der Mahlthematik verflochten. Eine weitere, wenig beachtete Verbindungslinie läßt sich über das Theologumenon von der Ortsgemeinde (!) als Leib Christi in 1 Kor 12 herstellen. Dieses Gemeindemodell ist, was immer seine religionsgeschichtliche Herkunft sein mag, bei Paulus eucharistisch begründet und verwurzelt, weist also auf 1 Kor 10f zurück. Der Geist aber, der die Gemeinde als Leib Christi erfüllt (πνεῦμα teils mehrfach in

---

[51] Zeitalter 549f.

[52] Mystik 247.

[53] Urchristentum 28–33 (bes. 31: „...dass die Mahlfeier Grund und Ziel aller Versammlungen ist").

[54] Gnosis 238 mit Anm. 2.

[55] *W. Schenk*, Einheit 65–92, erneuert die Position von Schweitzer und Cullmann (dort weiteres zur Forschungsgeschichte). Dagegen wieder *W. Wiefel*, Erwägungen 45f.

12,3.4.7.8.9.10.11.13; vgl.10,3f), manifestiert sich auch in den Zungenreden, in der Prophetie und im Gebet (πνεῦμα in 14,2.12.14.15.16.32).
Als weiteres Indiz könnte man anführen, daß in 1 Kor 14,16 εὐλογῇς und εὐχαριστία steht, in 14,17f εὐχαριστεῖς und εὐχαριστῶ, und von dort aus mit der Einbettung des Herrenmahls „in das Geschehen eines charismatischen Gottesdienstes“[56] rechnen. Zwingend ist das nicht, weil Paulus diese Vokabeln nicht derart eingeschränkt verwendet. In 1 Kor 1,14 etwa bedeutet εὐχαριστῶ nicht viel mehr als unser umgangssprachliches „Gott sei Dank“.
Das Gegenteil, eine Nichtidentität von Herrenmahl und Wortgottesdienst, sucht man aus der Anwesenheit von Ungläubigen und Nichtchristen (1 Kor 14,24: ἄπιστος ἢ ἰδιώτης[57]) bei der Versammlung von Kapitel 14 zu erweisen. Man kann sich in der Tat fragen, ob man sie ohne weiteres beim Herrenmahl hätte zugegen sein lassen. Eine weitere erhebliche Schwierigkeit ergibt sich daraus, daß die Autoren, die sich für eine einheitliche Versammlung aussprechen, in der Regel die Eucharistiefeier auf den Wortgottesdienst folgen lassen. Diese Abfolge aber läßt sich nicht mit dem Zuspätkommen der Habenichtse, die vom Sättigungsmahl nichts mehr mitbekommen (1 Kor 11,21), und mit der Mahnung, mit dem Essen aufeinander zu warten (1 Kor 11,33), vereinbaren.
An anderer Stelle habe ich die These aufgestellt, daß es in Korinth eine herausgehobene Versammlung der Gesamtgemeinde mit den Bestandteilen Sättigungsmahl – eucharistische Doppelhandlung – Wortgottesdienst gab, in dieser Reihenfolge. Eine Analogie dazu bietet das antike Symposium, wo eine Trinkspende vom Essen zu den Gesprächen überleitet. An die Stelle dieser Trinkspende würde dann Brot- und Becherhandlung als Abschluß des Sättigungsmahles treten, an die Stelle der philosophischen Unterhaltung die Gebete, Lesungen, Vorträge, Psalmen und Zungenreden von Kapitel 14.[58]
Das war ein herausgehobener Versammlungstyp, aber bei weitem nicht der einzige. Die ganze Frage wird sofort entschärft, wenn man mit einer größeren Vielfalt und mit Überschneidungen rechnet. Hier bewährt sich wiederum der Ansatz von einer Mehrzahl von Hausgemeinden her. In kleineren Gruppierungen sind reine Mahlfeiern so wenig auszuschließen

[56] *H. Schlier*, Herrenmahl 211.

[57] Zu ἰδιώτης vgl. Bauer WB s.v. 2: „In religiösen Vereinen heißt so der nicht zum Verein gehörige Opfergenosse.“

[58] Vgl. *H. J. Klauck*, Herrenmahl 318f. Zum Symposium ebd. 49f. Vgl. besonders das Testament der Epikteta (LSCG 135): Trinkspende für die vier Stifter als Überleitung vom Mahl zum Symposium.

wie reine Wortgottesdienste. An verschiedenen Abenden in der Woche kann verschiedenes getan worden sein. Neben Mahl- und Wortgottesdienst stehen Tauffeier, Missionspredigt und katechetische Unterweisung, die je ihren eigenen Ort brauchen. Die Taufe von „Häusern" (Stephanas und Krispus) legt an sich nahe, daß die Tauffeier in irgendeiner Weise an das Haus gebunden war. Auf die Katechese und ihre Beziehung zum Haus werden wir an späterer Stelle zurückkommen.

Bei der Feier des Herrenmahls, das man in Korinth, ganz abgesehen von der Stellung des Wortgottesdienstes, als Sättigungsmahl mit eucharistischer Doppelhandlung als Abschluß zu feiern pflegte, treten nach 1 Kor 11,18f Gruppenbildungen und Parteiungen (σχίσματα[59] und αἱρέσεις) zutage, die auf Dauer die Gemeinde zu zerreißen drohen (1 Kor 1,10f). Das setzt die Anwesenheit der Gesamtgemeinde wenigstens zu bestimmten Gelegenheiten (an Sonntagen?, vgl. 1 Kor 16,2) voraus, weil sich sonst die Spannungen nicht derart deutlich in lieblosem Verhalten dokumentieren könnten, wie sie das laut 1 Kor 11,21f tun. Dem eingerissenen Mißstand, daß einige schon alles weggegessen haben, ehe die Letzten überhaupt eintreffen, will Paulus durch die Frage und die Mahnungen steuern:

> Habt ihr denn nicht Häuser (οἰκίας), um zu essen und zu trinken? Oder verachtet ihr die Gemeinde (τῆς ἐκκλησίας) Gottes? (11,22).
> Also, Brüder, wenn ihr zum Essen zusammenkommt, wartet aufeinander.
> Wenn jemanden hungert, so soll er zu Hause (ἐν οἴκῳ) essen (11,33f).

Wenn man dies ganz eng interpretiert, scheint es fast so, als würden Haus und Gemeinde auseinandertreten und als sei für Paulus nicht schon jedes Haus eo ipso auch Ort des Herrenmahls und der Versammlung. Man wird aber den konkreten Situationsbezug und die polemische Note zu beachten haben. In letzter Konsequenz bedeuten diese Zeilen nicht eine Absage an Hausgemeinden, sondern die Trennung von Sättigungsmahl und Eucharistie, die noch nicht vollzogen ist (vgl. 11,33!), aber sich anbahnt.

Eine Abwertung der Hausgemeinschaft könnte man auch aus 1 Kor 14,34f herauslesen:

---

[59] Dieser Gebrauch von „Schisma" hat seine engste Parallele in einer Vereinssatzung aus dem 1. Jh. v. Chr., vgl. PLond 2710 = SGUÄ 7835,13f: μηιδὲ σχί⟨σ⟩ματα συνίστασ[θαι]. In Zeile 15f: ἐν τῶι συμποσίωι, ist das Gemeinschaftsmahl des Vereins angesprochen.

> Die Frauen sollen in den Gemeinden (ἐν ταῖς ἐκκλησίαις) schweigen...
> Wenn sie etwas lernen wollen, sollen sie zu Hause (ἐν οἴκῳ) die eigenen Männer fragen, denn es ist schändlich für eine Frau, in der Gemeinde (ἐν ἐκκλησίᾳ) zu reden.

Aber davon dürfen wir Paulus entlasten. Die Verse, die sich mit 11,5 durch keinen exegetischen Kunstgriff ausgleichen lassen, stammen von einem Interpolator aus der Zeit der Redaktion der Paulusbriefe.[60] Dieser Redaktor allerdings verfügte schon über eine etwas andere Sicht der Zuordnung von Haus und Gemeinde, die in den späteren Schriften des Urchristentums Parallelen hat.

Trotz 11,22.34 und 14,34f wird man also für das Zusammenkommen der Hausgemeinden die gleichen Inhalte annehmen wie für die Vollversammlung: Gebet und Herrenmahl. Denn die Gesamtversammlung, die selbst nirgends anders Platz findet als in einem Haus, setzt nur fort, was in der kleinen Hausgemeinde begann. Überhaupt sind – und das gilt als Prämisse für die ganze Arbeit – die Übergänge zwischen Hausgemeinde und Ortsgemeinde so fließend wie möglich zu halten.[61] Nur die Eckwerte stehen fest: die Einzelfamilie hier, die voll ausgebildete Ortsgemeinde dort. Die Realität der ersten Gemeinden hat sich häufig in dem schwer zu definierenden Zwischenfeld abgespielt.

Was in Korinth sichtbar wird, ist dies: der schließlich erreichte Zustand des Nebeneinanders von Ortsgemeinde und Hausgemeinde bringt erste Schwierigkeiten mit sich. Man wird nicht fehlgehen, wenn man hier eine Ursache und den Nährboden für die drohende Spaltung erkennt: „The existence of several house churches in one city goes far to explain the tendency to party strife in the apostolic age"[62]. Eine Hausgemeinde konnte sich um eine dominierende Einzelpersönlichkeit scharen, ihr eigenes theologisches Profil entwickeln und sich ein bestimmtes Etikett geben, auf Kosten der Gesamtheit und in bewußtem Gegensatz zu anderen Gruppierungen.

All das ist in Korinth geschehen. Paulus beklagt in 1 Kor 1,12 die Existenz verschiedener Parteien:

> Jeder von euch sagt: ich gehöre zu Paulus, ich zu Apollos, ich zu Kephas, ich zu Christus.

---

[60] Vgl. *G. Dautzenberg*, Prophetie 265–273.
[61] Brieflicher Hinweis von *F. Hahn* (Schreiben vom 2.12.80).
[62] *F. V. Filson*, Significance 110.

Die folgenden Verse zeigen, daß sich diese Parteien als Personalgemeinden nach Art der Mysterienkulte verstanden, so, als werde durch die Taufe eine enge übernatürliche Beziehung, ein Vater-Kind-Verhältnis zwischen Taufendem und Täufling hergestellt. Paulus relativiert deshalb die Bedeutung des Taufenden, und er argumentiert, was man leicht überliest, von der Konzeption der Gemeinde als Leib Christi her: „Ist etwa der Christus geteilt?" (V. 13).

Im einzelnen ist die Frage nach den korinthischen Parteien mit historischen Problemen nur so gespickt. Hier kommt es lediglich darauf an, ihren Zusammenhang mit den Hausgemeinden herauszustellen. Paulus und Apollos haben in Korinth gelebt, gelehrt und getauft, und zwar zunächst auf der Basis von Hausgemeinden. Es liegt nahe, daß jene Familien, die Paulus oder Apollos bei sich beherbergt hatten, diesen weiterhin die Treue hielten, und daß ihr Haus zum Treffpunkt der Paulus- oder der Apollospartei wurde. Für die Kephasleute sind zwei Möglichkeiten zu erwägen: entweder Petrus hat sich selbst eine zeitlang in Korinth aufgehalten und Anhänger gesammelt[63], oder es sind Christen zugewandert, vermutlich Judenchristen, die sich ihm seit ihrer Bekehrung besonders verbunden fühlten. Die „Christuspartei", die in 1 Klem 47,3 fehlt, könnte sich als ironische Antithese, als Versuch des Ad-Absurdum-Führens jeglichen Parteienwesens seitens des Paulus erklären.[64]

Weitere Reibungsflächen sind sozialer und schichtspezifischer Art. Wenn Paulus schreibt:

> Es sind *nicht viele* (οὐ πολλοί) Weise dem Fleische nach, nicht viele Mächtige, nicht viele Wohlgeborene unter euch (1 Kor 1,26),

so beinhaltet dieser Satz als komplementäre Aussage eben auch dies, daß es *einige* Vornehmere und Höherstehende durchaus gab, z.B. Erastus, z.B. Titius Justus und Krispus, wohl auch Stephanas und Gajus. Nicht zufällig werden gerade ihre Namen überliefert, nicht zufällig sind gerade sie mehrheitlich mit Hausbesitz assoziiert.

Wir sagten eingangs, daß jedes Privathaus für die anfänglichen Erfordernisse der Gemeinde ausreichend Raum bot. Aber ein solches mußte man

---

[63] Die Argumente dafür bei *C. K. Barrett*, Cephas 1-12.

[64] Vgl. zum Ganzen den Überblick bei *P. Vielhauer*, Geschichte 134–138. Man müßte auch Gal 2,11–14 einmal unter diesem Aspekt lesen: Petrus hält zunächst mit den Heiden(christen) gemeinsame Mahlzeiten, sondert sich dann aber mit den Juden(christen), die durch Jakobusleute aus Jerusalem verstärkt wurden, ab. Wo sollten sich diese heiden- und judenchristlichen Sondermähler abspielen, wenn nicht in getrennten Hausgemeinden Antiochiens?

erst einmal haben. Bei Sklaven und Angehörigen der unteren Bevölkerungsschicht war das nicht der Fall. Aus ihren Reihen aber dürfte trotz allem die Mehrzahl der ersten Christen stammen.[65]
Zu berücksichtigen sind ferner Situationen, wie sie 1 Kor 7,12–16 voraussetzt. Es gab Ehen, in denen nur ein Partner, der Mann oder die Frau, Christ wurde, der andere aber heidnisch blieb. Die Weiterführung der Ehe stellt Paulus in diesem Fall frei.[66] Als Kristallisationspunkt einer Hausgemeinde kamen solche geteilten Häuser schwerlich in Frage.
Angewiesen war man demnach auf die Häuser jener verhältnismäßig wenigen, besser gestellten und rein christlichen Familien. Das ist primär positiv zu sehen, als Chance für die Realisierung christlicher Brüderlichkeit über alle sozialen Schranken hinweg. Aber auch bei noch so großherziger und echter Gastfreundschaft der wohlhabenderen Christen bleibt bestehen: „Selbst wenn sie es nicht gewollt hätten, demonstrierten sie so ihren Sozialstatus“[67], der bei Ärmeren Neidgefühle erwecken mochte. Neben Begeisterung und gutem Willen waren auf die Dauer auch Takt und Fingerspitzengefühl von allen Seiten vonnöten. Die praktischen Schwierigkeiten des täglichen Lebens blieben den Hausgemeinden nicht erspart, sie wurden durch das enge Zusammenrücken dieser Christen im Gegenteil noch verstärkt.

1.2 Der Philemonbrief

Auch Philemon stand sich so gut, daß er ein Haus besaß und Sklaven halten konnte. Im Eingang des kleinen Briefes, den Paulus an ihn richtet, findet sich die dritte Stelle mit ἡ κατ' οἶκον ἐκκλησία (Phlm 1f):

> Paulus, Gefangener Christi Jesu, und der Bruder Timotheus
> dem geliebten Philemon, unserem Mitarbeiter (συνεργῷ),
> und der Schwester Apphia,
> und Archippus, unserem Mitstreiter (συστρατιώτῃ),
> und der Gemeinde in deinem Haus (τῇ κατ' οἶκόν σου ἐκκλησίᾳ).

Dieses Präskript ist in mehrfacher Hinsicht sehr aufschlußreich. Auch

---

65 Bei *B. Grimm*, Untersuchungen, vgl. einerseits den Abschnitt über „Personen von Rang und Stand im Frühchristentum“ (126–148), andererseits 313: „die Massen der typischen Gläubigen gehörten wohl sicher den unteren Schichten an“.

66 Die Konflikte, die sich daraus ergeben mußten, malt Tert., Uxor 2,2-8, drastisch (zu drastisch) aus.

67 *G. Theißen*, Studien 308.

dieser „privateste" aller Paulusbriefe geht nicht einfach von Privatmann zu Privatmann. Es wird ein Mitabsender genannt, nämlich Timotheus, einer der wichtigsten Mitarbeiter und Vertrauten des Paulus. Adressat ist nicht allein Philemon, sondern wie bei allen authentischen Paulusbriefen eine Gemeinde, auch wenn es sich in dem Fall nur um eine kleine Hausgemeinde handelt. Die Segenswünsche in V. 3 (χάρις ὑμῖν) und in V.25 stehen im Plural, das heißt, sie schließen die Hausgemeinde mit ein und erfordern ebenso wie die Adresse implizit ein Verlesen des Briefes in ihrer Versammlung. Die Sache, die zur Debatte steht, betrifft nicht nur Philemon persönlich, sondern geht alle Mitglieder an.[68]
Um Philemons entlaufenen Sklaven Onesimus dreht sich der ganze Brief. Dieser Onesimus fand erst nach seiner Flucht bei Paulus zum Christentum. In diesem Sinn ist der Vers 10 zu deuten: „Ich bitte dich für mein Kind, das ich in Fesseln zeugte, den Onesimus." Das bedeutet aber, daß die Hausgemeinde des Philemon zunächst nicht seinen ganzen Haushalt umfaßte, weil dem mit Onesimus zumindest ein nichtchristlicher Sklave angehört hatte. Der Übertritt von Sklaven war in christlichen Familien sicher ein Anliegen, wurde aber nicht erzwungen. Dazu läßt sich eine Aussage des Apologeten *Aristides* heranziehen:

> Sklaven und Mägde aber, sofern sie solche haben,
> oder (deren?) Kinder bereden sie,
> Christen zu werden,
> um sie als Freunde zu gewinnen,
> und wenn diese es geworden sind,
> nennen sie sie unterschiedslos Brüder.[69]

Was Apphia in V. 2 angeht, so nimmt man meist und wohl zu Recht an, sie sei die Frau des Philemon, wobei man etwa damit argumentiert, als Hausfrau und Herrin sei sie von der Flucht eines Haussklaven besonders betroffen und müsse deshalb erwähnt sein.[70] Unbestritten ist das nicht. Für Archippus wird man besser darauf verzichten, ein Verwandtschaftsverhältnis zu Philemon („Sohn des Hauses" o.ä.) zu konstruieren. Er dürfte eher, wie schon *Chrysostomus* sagt, „irgendein anderer Freund"[71] gewesen sein. Seine namentliche Nennung besagt dann, „daß er in einem

---

[68] Vgl. *J. Hainz*, Ekklesia 200.
[69] Apol 15,6. Griechischer Text (die übrigen Versionen weichen etwas ab) in JThS 25 (1924) 74 und ThLZ 49 (1924) 47.
[70] So *E. Lohse*, Phlm 267f. Dagegen *W. H. Ollrog*, Mitarbeiter 43 Anm. 198.
[71] PG 62, 704: ἕτερόν τινα ἴσως φίλον.

besonderen Verhältnis zur Hausgemeinde des Philemon steht"[72]. Ein Haussklave, der nicht Christ ist, und ein Freund, der eine Sonderstellung in der Hausgemeinde einnimmt – dieses Ergebnis ist wichtig, weil es zeigt, daß Haugemeinde und Familie nicht völlig deckungsgleich sind.
Wie Priska und Aquila in Röm 16,3 bekommt Philemon hier den Titel „Mitarbeiter" zuerkannt, während Archippus „Mitstreiter" heißt. Ob man das als Steigerung ansehen kann?[73] Eine innere Strukturierung der Hausgemeinde darf man aus dem bisherigen Befund jedenfalls ablesen. Es sind Prozesse im Gang, die auf den natürlichen Vorgaben aufbauen. Figuren und Funktionen kristallisieren sich heraus. Ohne weiteres wird man sagen: „Die Gastgeber üben mindestens in formaler Hinsicht eine Leitungsfunktion aus, indem sie den Raum zur Verfügung stellen, einladen, begrüßen und sicher auch einen besonderen Sitz bei den Eucharistiefeiern einnehmen"[74].
Wir wissen nicht genau, wer beim urchristlichen Herrenmahl jeweils den Vorsitz führte. Von der Vorstellung ordinierter Presbyter müssen wir uns für die paulinischen Gemeinden der Frühzeit frei machen. Vorgeschlagen werden u.a. die Propheten als charismatische Gemeindeleiter. Jesus handelt beim letzten Abendmahl wie ein jüdischer Hausvater, dem das Sprechen der Segensworte zukam. Ich möchte annehmen, daß in Analogie zu jüdischem und teilweise auch heidnischem Mahlbrauch[75] in den Hausgemeinden der gastgebende Hausherr diese Aufgabe wahrnahm. Beim antiken Symposium, um diese Analogie noch einmal zu bemühen, war es so, daß der Symposiarch, der den Vorsitz übernahm, von Fall zu Fall gewählt wurde, oder man übertrug das Amt einem Ehrengast als besondere Auszeichnung.[76] Das könnte bei der Vollversammlung oder bei Anwesenheit des Apostels ähnlich vor sich gegangen sein.
Wo die Hausgemeinde des Philemon geographisch anzusiedeln ist, läßt sich nicht mit letzter Sicherheit sagen. Da in Kol 4,9 Onesimus und in Kol 4,17 Archippus erneut genannt werden (nicht aber Philemon und Apphia!), nimmt man meist an: in oder bei Kolossä. Da Paulus nach Kol 2,1 selbst nie in der Stadt war, erhebt sich sofort die Frage, wo er Philemon und Archippus kennengelernt hat, wo sie ihm „Mitarbeiter"

---

[72] *P. Stuhlmacher*, Phlm 31 Anm. 44.
[73] So *J. Hainz*, Ekklesia 203: „Mitstreiter" erinnert an die besondere Mühe beim Gemeindeaufbau.
[74] *A. Schreiber*, Gemeinde 135.
[75] Vgl. unten Abschnitt IV Anm. 8.
[76] Vgl. *K. Kircher*, Bedeutung 69.

und „Mitstreiter“ waren. Ephesus käme in Frage. Zu überlegen ist, wie sich V. 22 einordnet:

> Zugleich bereite mir aber auch ein Quartier vor (ἑτοίμαζέ μοι ξενίαν).
> Ich hoffe nämlich, euch dank eurer Gebete wiedergeschenkt zu werden.

Gemeint ist sicher eine Unterkunft im Hause Philemons. Dann klingt das Ganze aber fast so, als habe Paulus schon bei einer früheren Gelegenheit dort gewohnt. Hausgemeinden waren für den Apostel selbst der gegebene Lebensraum. Sie haben ihm während weiter Strecken seiner Missionstätigkeit als Stützpunkte gedient.

1.3 Der Kolosserbrief

Den vierten Beleg für unsere geprägte Wendung enthält der Kolosserbrief, der – so die hier vertretene These – nicht von Paulus selbst, sondern von einem Paulusschüler stammt. Es geht um Kol 4,15:

> Grüßt die Brüder in Laodizea,
> auch Nympha und die Gemeinde in ihrem Haus
> (τὴν κατ' οἶκον αὐτῆς ἐκκλησίαν).

Der Grußauftrag nach Laodizea, das etwa 15 km von Kolossä entfernt liegt, in V. 15a steht in engem Zusammenhang mit der Anweisung zum Briefaustausch und zum Verlesen der jeweiligen Briefe in V. 16. Bezüglich der Hausgemeinde in V. 15b ist zunächst ein ähnliches Textproblem wie in Röm 16,7 zu klären. NYMΦAN in den Majuskeln ist nicht eindeutig. Man kann (1) Νύμφαν lesen, dann kommt das Wort vom Frauennamen Nympha, der dorischen Form für attisches Nymphe (*Bauer* WB 1078), oder (2) Νυμφᾶν, wobei man den Männernamen Nymphas als Abkürzung von Nymphodorus[77] zugrundelegt. Eindeutig determiniert würde der Name durch das Genus des Possesivpronomens bei „Haus“. Aber auch hier geht die handschriftliche Überlieferung auseinander. Drei hauptsächliche Varianten liegen vor:

1. Der Vaticanus (B), einige Minuskeln (6 424^{c} 1739 1877 1881), ein Teil der syrischen und der koptischen Übersetzung und Origines haben

[77] Vgl. Bl-Debr § 125,1.

„die Gemeinde in ihrem (αὐτῆς) Haus“, ein Femininum Singular also, das eindeutig einen Frauennamen voraussetzt.

2. Der Claromontanus (D), weitere Majuskeln (K Ψ z.B.), die große Mehrzahl der Handschriften, die den Koine-Text repräsentieren, daneben noch Lektionare, Übersetzungen und einige Väter lesen statt dessen: „die Gemeinde in seinem (αὐτοῦ) Haus“. Sie rechnen mit einem Mann.

3. Der Sinaiticus (S), der Alexandrinus (A) und einige andere Zeugen schließlich entscheiden sich für „die Gemeinde in ihrem (αὐτῶν) Haus“ mit dem Pronomen im Plural. Man hat das als Versuch eines Ausgleichs zwischen den beiden anderen Lesearten erklärt. Bezugspunkt wäre ein Ehepaaar (Nymphas und Frau) oder die Hausgemeinschaft (Nymphas und Freunde o. ä.).[78] Plausibler scheint es, αὐτῶν zugleich auf Nympha(s) und auf die Brüder von Laodizea in der ersten Satzhälfte zu beziehen.[79] Die Vertreter dieser Lesart verstehen den Text dahingehend, daß die Christen von Laodizea, unter ihnen Nympha(s), sich in „ihrem (Gemeinde-)Haus“ versammeln.

Auch *Eduard Schweizer* erwägt diese Möglichkeit: „Vielleicht ist hier sogar an die ganze laodizenische Gemeinde gedacht, die sich in diesem Hause trifft“[80]. Aber es steht nicht so fest, ob die Hausgemeinde von Kol 4,15b überhaupt in Laodizea zu suchen ist oder ob man nicht besser an das gleichfalls benachbarte Hierapolis denken sollte, aus folgendem Grund: In Kol 4,13 werden neben Christen in Kolossä und Laodizea auch solche in Hierapolis erwähnt. Bei seinen Grüßen hätte der Schreiber letztere aber übergangen, es sei denn, der Gruß von V. 15b geht nach Hierapolis, wo es bisher vielleicht erst diese eine Hausgemeinde gibt.[81] In der Frage, ob Mann oder Frau, ist für die erstgenannte Lesart mit dem Frauennamen Nympha zu optieren. Eine Frau als Vorsteherin oder Leiterin einer Hausgemeinde, die ihren Namen trägt – das erschien späteren Schreibern so skandalös, daß sie aus Nympha einen Mann machten. Neben Priska, Phoebe, Lydia (Apg 16,14) und Maria, der Mutter des Johannes Markus (Apg 12,12) ist Nympha ein weiterer Beweis

---

[78] Vgl. *E. Lohse*, Kol 245.
[79] Vgl. *B. M. Metzger*, Commentary 627.
[80] Kol 179.
[81] Vgl. *J. Gnilka*, Kol 244.

für die tätige Mitarbeit der Frau in den urchristlichen Hausgemeinden. Das Hauswesen, und hier wiederum nicht zuletzt die religiösen Bräuche und Obliegenheiten[82], war in der Antike die klassische Domäne der Frau. Das bietet einen Anknüpfungspunkt. Aber in den Hausgemeinden wird dies ausgebaut zu differenzierten, auch leitenden Funktionen und Diensten.[83]

In Kol 3,16 rückt die gottesdienstliche Versammlung der Gemeinde ins Blickfeld (vgl. Eph 5,19f), die sich, was man nicht übersehen sollte, in den Häusern abspielt. Festzuhalten ist ferner, daß im Kolosserbrief ἐκκλησία in dreifacher Bedeutung verwendet wird: für die universale Kirche (1,18.24), für die Ortsgemeinde (4,16) und für die Hausgemeinde (4,15). Sie alle sind je für sich Kirche Gottes.[84]

In Kol 3,18–4,1 treffen wir zum erstenmal (abgesehen von einigen Elementen in Röm 13,1–7) eine christliche Haustafel an. Sie richtet sich an die einzelnen Gruppen eines christlichen Oikos, an Frauen und Männer, Kinder und Eltern, Sklaven und Herren. Daß der schwächere Teil jeweils zuerst genannt wird, beinhaltet schon einen moralischen Anspruch.[85]

Rein sprachlich legt es sich zunächst nahe, eine enge Beziehung zwischen Haustafel und Hausgemeinde herzustellen, etwa so, wie es *Filson* tut: weil Familien Gemeinden bilden konnten, bedurften sie in erster Linie der besonderen Mahnung und Weisung.[86] Kritisch ist sofort einzuwenden, daß der Begriff „Hausgemeinde" aus den Quellen stammt, während der Ausdruck „Haustafel" im Text nicht vorkommt (auch Oikos fehlt an dieser Stelle), sondern erst in der Reformationszeit geschaffen wurde.

Die sprachliche Nähe täuscht also. Man könnte für den Kolosserbrief statt von „Haustafel" ebensogut oder besser von „Ständetafel" sprechen. Sie orientiert sich einerseits in vertikaler Richtung am soziologischen Aufbau des antiken Hauswesens. Selbst die Konzentration auf den Mann in seiner Rolle als Gatte, Vater und Herr, die uns bei Aristoteles begegnete, ist beibehalten, weil nur er in allen drei Mahnungen der Haustafel auftaucht.

---

82 Vgl. *H. J. Rose*, Religion 98: „On occasion women of course took their part in all manner of public rites, but it is in the household that they are the conspicuous worshippers."

83 Eine Frau als Hausherrin (nach dem Tod des Mannes) bei Philostr., Gymn 23 (272,30f BiTeu Kayser): τεθνάναι μὲν γὰρ τὸν πατέρα ἔλεγεν, ἐπὶ μητρὶ δέ εἶναι τὸν οἶκον.

84 Vgl. *K. L. Schmidt*, ThWNT III, 508.

85 Dazu und zum folgenden *E. Lohse*, Kol 220–232; *E. Schweizer*, Kol 159–171; *J. Gnilka*, Kol 203–227.

86 Significance 109f.

Andererseits zielt ihr Appellcharakter nicht auf den einzelnen Haushalt ab, sondern auf die jeweiligen Stände, die sich horizontal durch alle Häuser hindurchziehen. Konkret: die Ermahnung des Sklaven gilt allen Sklaven, auch und gerade solchen, die in einem nichtchristlichen Haus Dienst tun (sie waren in der Mehrzahl). Die Weisung an Frau und Mann geht alle Ehepaare an, ob sie in einer Hausgemeinde leben oder nicht. Ein Sklave konnte auch Vater sein und wurde dann zusätzlich als solcher angesprochen.

Die Haustafeltradition hat auch eine ganz eigene Vor- und Nachgeschichte. Das Formschema stammt aus der Stoa und wurde dem Urchristentum über das hellenistische Judentum vermittelt.[87] Neuerdings wurde – mehr ergänzend als umstürzend – auf eine weitere Parallele verwiesen, nämlich auf das antike Schrifttum „Über die Ökonomie" (man denke nur an *Xenophons* Oikonomikos), eine eigene Gattung, die sich zum Ziel setzt, eine „Anleitung zur sinnvollen Führung einer Hauswirtschaft im personalen wie im sächlichen Bereich"[88] zu geben. Im Neuen Testament setzen Eph 5,22–6,9 und 1 Petr 2,13–3,7 diese Überlieferung fort. Außerhalb des Neuen Testaments sind Elemente einer Haus- oder Ständetafel etwa in Did 4,9–11, in 1 Klem 21,6–8 (vgl. 1,3), in Barn 19,5–7 und in Pol 4,2–6,1 anzutreffen. Im Blick auf die Nachgeschichte hat man nicht ganz zu Unrecht von einer Re-paganisierung gesprochen *(Schweizer)*. Did 4,11 und Barn 19,7 stellen dem Sklaven seinen Herrn als Abbild Gottes (τύπος ϑεοῦ) vor Augen. Man wird sich schwer tun, für diese Verklärung irdischer Herrschaftsstrukturen noch eine christliche Motivierung zu finden. Nicht zufällig verschwindet die Haustafeltradition im 2. Jh. n. Chr. wieder. Auch aus diesem Grunde empfiehlt es sich, trotz einiger Berührungspunkte, die gegeben sind, keine allzu enge Bindung von Hausgemeinde und Haustafel zu postulieren.

2. DIE APOSTELGESCHICHTE

Ein weiterer Zeuge für die urchristliche Hausgemeinde ist die Apostelgeschichte des Lukas. Im Ansatz, wenn auch nicht mit letzter Konsequenz unterscheidet Lukas zwischen öffentlicher Missionspredigt und Gemeindeleben. Gepredigt wird in der Halle Salomons beim Tempel (Apg 3,11f),

---

[87] Vgl. *J. E. Crouch*, Origin 37–101.

[88] *D. Lührmann*, Haustafeln 89. Vgl. auch *O. Brunner*, Haus 105: „Die Ökonomik als Lehre vom Oikos umfaßt eben die Gesamtheit der menschlichen Beziehungen und Tätigkeiten im Hause, das Verhältnis von Mann und Frau, Eltern und Kindern, Hausherrn und Gesinde (Sklaven)".

in Synagogen[89], auf dem Marktplatz (17,17), dem Areopag (17,22), in der gemieteten Lehrhalle des Tyrannos (19,9). Das Gemeindeleben aber spielt sich in den Häusern ab.

2.1 *Die Urgemeinde*

Das beginnt im ersten Kapitel. Nach der Himmelfahrt sind die Elf mit den Frauen, mit Maria, der Mutter Jesu, und mit seinen Brüdern im Obergeschoß eines Jerusalemer Hauses versammelt (Apg 1,13f). Die Zahl derer, die sich an diesem einen Ort (1,15: ἐπὶ τὸ αὐτό) zusammenfanden, gibt Lukas mit 120 an. Möglicherweise will schon diese Zahl als das Zehnfache von 12 symbolisch verstanden sein. Sicher kein Zufall, ebensowenig aber rein historisches Referat ist die besondere Zusammensetzung dieser Gruppe. Genannt sind: der momentan dezimierte Kreis der zwölf Apostel (ein lukanisches Konstrukt), die als Augenzeugen die Zuverlässigkeit der Evangeliumsbotschaft verbürgen (Lk 1,2; Apg 1,21f), die Frauen, die Jesus nachfolgten (Lk 8,1–3) bis unters Kreuz (Lk 23,49), Maria, die um den allerersten Anfang weiß (Lk 1,26–38), und die Brüder Jesu, die in der Jerusalemer Gemeinde bald die Führung übernehmen werden. Kurz, in diesem Hause befindet sich das Urbild dessen, was für Lukas Kirche gründet und ausmacht.

Das griechische Wort für das Obergeschoß, ὑπερῷον, das in Apg 9,37.39 innerhalb einer Totenerweckung erneut begegnet (vgl. 1 Kön 17,19), ruft von sich aus religiöse Assoziationen hervor. Der Prophet Elischa kehrt im Haus der reichen Sunamitin ein, wo ein Obergemach für ihn bereit steht (2 Kön 4,10f). Daniel betet in seinem Obergemach bei offenem Fenster gen Jerusalem gewandt (Dan 6,11). Im rabbinischen Judentum diente es Gelehrten als Versammlungsraum (Schab 1,4; jSanh 21b), als Studierzimmer (bSchab 13b) und als Gebetsstätte.[90]

Für Lukas ist das Haus mit dem Obergeschoß von Apg 1,13f nicht nur der Ort, wo die Nachwahl des Matthias stattfindet (1,15–26), sondern auch der Ort des Pfingstereignisses (vgl. ἐπὶ τὸ αὐτό in 2,1 und ὅλον τὸν οἶκον in 2,2), das in 4,31 an gleicher Stelle einen Nachhall erfährt. Lukas

---

[89] Apg 9,20; 13,5.14; 14,1; 17,1.10.17; 18,4.19; 19,8. Hilfreiche Hinweise zur Apg verdanke ich Herrn Prof. Dr. Dieter Zeller.

[90] Bill. II, 594. Vgl. noch Lib Ant 42,2; *E. Peterson*, Bedeutung 1–3. In einer Stifterinschrift aus dem Tempel der palmyrenischen Gottheiten in Dura-Europos werden (Gottes-) Haus und Obergeschoß aufgezählt: τόνδε τὸν οἶκον καὶ ὑπερῷιον (SEG II 754), vgl. mit weiteren Belegen für Kult- und Versammlungsstätten in Obergeschossen *J. T. Milik*, Dédicaces 382–385.

denkt sich diesen Raum im Haus der Maria, der Mutter des Johannes Markus, wo ein Teil der Gemeinde sich aufhält, als Petrus aus dem Gefängnis zurückkehrt (Apg 12,12). Dieses Haus muß verhältnismäßig geräumig gewesen sein, da es nach 12,13f über einen Pylon, d.h. ein eigenes Torgebäude verfügt. Die Besitzerin Maria „scheint zu dem Kreis jener hellenistischen Juden zu gehören, die sich nach einiger Zeit des Lebens im Ausland schließlich wieder in Jerusalem ankauften; da ihr Sohn nach Kol 4,10 Vetter des Barnabas war, dürfen wir sie derselben aus Zypern kommenden Levitenfamilie zurechnen wie Barnabas auch (Apg 4,36f)“[91]. Wir brauchen uns nicht in Spekulationen darüber zu verlieren, ob das historisch bis ins Letzte so zutrifft und ob das besagte Obergeschoß mit dem Abendmahlsaal (Mk 14,15: ἀνάγαιον) identisch ist.[92] Es genügt die Einsicht, daß Lukas in das Traditionsmaterial das Bild einer idealen Hausgemeinde einzeichnet, wie er sie sich vorstellt.

Lukas behauptet nicht, das Haus von 12,12 sei der einzige Treffpunkt der Jerusalemer Gemeinde gewesen. Selbst bei sehr sorglosem Umgang mit den Zahlen hätte er das auch schwerlich tun können angesichts der hohen Ziffern, die er zuvor schon genannt hat: 3000 Neubekehrte in 2,41 und 5000 Männer (!) in 4,4. Aber auch der Kontext von 12,12 gibt diese Einsicht frei. Im Haus der Maria befanden sich „genügend“ (ἱκανοί) Gläubige beim Gebet, also nicht alle. In 12,17 sagt Petrus: „Meldet das dem Jakobus und den Brüdern“, die demnach nicht als anwesend gedacht sind.

Etwas verdeckt werden auch hinter dem Konflikt zwischen „Hellenisten“ und „Hebräern“, der durch die Legitimierung der Sieben in Apg 6,1-7 ausgeräumt werden soll, zwei verschiedene Organisationen sichtbar. Die Hebräer stammen aus dem palästinensischen Judentum. Sie scharen sich um die Zwölf. Die Hellenisten sind in Jerusalem ansässige, griechischsprechende, zum Christentum bekehrte Diasporajuden. Sie haben die Sieben, die ausnahmslos griechische Namen tragen (Apg 6,5), als Führungsgremium. Beide Gruppen werden unterschiedliche Versammlungsräume benutzt haben, was insofern nicht so ungewöhnlich ist, als sie es von ihrer jüdischen Vergangenheit her nicht anders kannten. Im damaligen Jerusalem gab es eine große Zahl von Synagogen – 480 behauptet die talmudische Überlieferung (jMeg 73b) –, die z.T. landsmannschaftlich gegliedert waren. Möglich, daß sich aus diesem Grund der Palästinenser Jakobus nach Apg 12,17 nicht im Haus der Hellenistin Maria aufhielt.

---

[91] *P. Stuhlmacher*, Phlm 71.
[92] In dieser Richtung im Anschluß an Zahn *W. Rordorf*, Gottesdiensträume 113.

Von der Idealisierungstendenz des Lukas sind auch die summarischen Bemerkungen betroffen, in denen er zeitraffende Zustandsschilderungen aus dem Leben der Urgemeinde bietet. Zweimal kommt κατ' οἶκον vor. In 2,46 heißt es:

> Tagtäglich verweilten sie einmütig im Tempel, brachen *hausweise* (in den verschiedenen Häusern) Brot, nahmen gemeinsam ihre Speise in Jubel und mit Einfalt des Herzens.

Bewußt läßt Lukas hier das Verhältnis von Sättigungsmahl und sakramentalem Brotbrechen in der Schwebe. „Die Einheit von beidem gehört zum idealen Bild der Urzeit"[93]. 5,42 sagt von den Aposteln:

> Sie hörten nicht auf, Tag für Tag im Tempel und in den einzelnen Häusern zu lehren und Jesus, den Christus, zu verkünden.

Wahrscheinlich wird man die Zentralbegriffe hier chiastisch verbinden müssen, das heißt, zum Tempel gehört das öffentliche Verkünden und zu den einzelnen Häusern das Lehren:

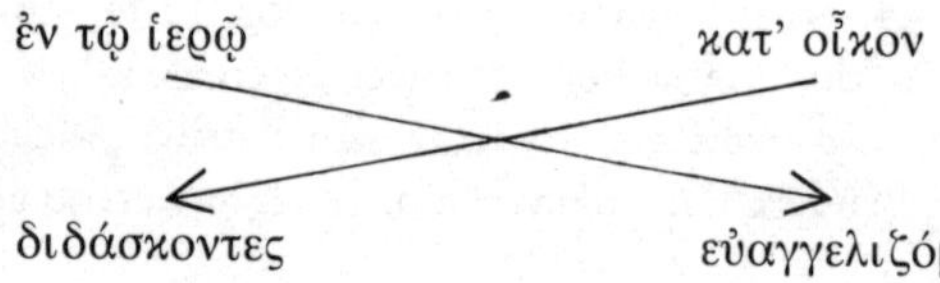

So sah es nach Lukas in diesen vorbildlichen Hausgemeinden des Anfangs aus: täglich Lehre und Herrenmahl. Über die Gütergemeinschaft der Urgemeinde (vgl. 2,44f) schreibt Lukas im zweiten größeren Summarium (4,34f):

> Wer immer Äcker *oder Häuser* besaß, verkaufte sie, brachte den Erlös und legte ihn zu Füßen der Apostel nieder.

Ganz streng genommen hätte die Maria von Apg 12,12 ihr Haus demnach schon verkauft haben müssen. Aber so streng sah Lukas es selbst nicht. Daß man das eigene Haus großzügig für die Zwecke der Gemeinde öffnet und die Mitchristen bei sich aufnimmt, paßt in seine Konzeption der Gütergemeinschaft und vor allem in das, was er seinen Lesern damit sagen will, gut hinein. Davon bleibt unberührt, daß es historisch gesehen in der

[93] *H. Conzelmann*, Apg 37. Zum Brotbrechen auch Apg 2,42; 20,7.11; 27,35; Lk 24,30; 1 Kor 10,16; die Abendmahlsüberlieferung und die Speisungswunder.

Urgemeinde eine charismatisch-enthusiastische Gütergemeinschaft gegeben hat.[94]
Andere Stellen ergänzen das bisher gewonnene Bild. Saulus verfolgt die Gemeinde und dringt dabei in die einzelnen Häuser, ihren Versammlungsort, ein (Apg 8,3). Wenn man die Verben wegläßt, ergibt sich an dieser Stelle fast die paulinische Formel: τὴν ἐκκλησίαν κατὰ τοὺς οἴκους. Nach seiner Bekehrung hält Paulus sich in Damaskus im Haus des Judas auf (9,11.17), später in Thessalonich im Hause Jasons (17,5). Petrus weilt in Joppe im Haus Simons des Gerbers (10,6.9.17f.32; vgl. 9,43; 11,11f). In Ephesus hat Paulus öffentlich gepredigt und in den einzelnen Häusern gelehrt (20,20). Hier wird man die verschränkten Aussagen am besten als Parallelismus auflösen:

ἀναγγεῖλαι . . . διδάξαι
↓ ↓
δημοσίᾳ . . . κατ' οἴκους

In Troas ist erneut ein Obergemach (ὑπερῷον) Ort eines Mahlgottesdienstes mit Wortverkündung (20,7f). Weitere gastliche Häuser sind das Haus des Evangelisten Philippus mit seinen vier prophetisch begabten Töchtern in Caesarea (21,8) und das des Zyprers Mnason, „Hellenist" der ersten Stunde, in Jerusalem (21,16). Auch die Mietswohnung des Paulus in Rom, die zum Zentrum einer reichen Verkündungstätigkeit wird (28,30f), sei nicht übersehen. μίσθωμα am Ende des Buches bildet so etwas wie eine Inklusio mit dem ὑπερῷον des Anfangskapitels. Wo kein Haus, dort auch kein christliches Leben, scheint dieses stilistische Mittel sagen zu wollen.

2.2 Die Oikosformel

Mehrfach begegnet in der Apostelgeschichte die Wendung: N.N. kam zum Glauben, wurde gerettet, ließ sich taufen „mit seinem (ganzen) Haus". Gehen wir zunächst die Belegstellen durch.
In der Kornelius-Episode in Apg 10 wird von dem heidnischen Hauptmann zunächst gesagt: „er war fromm und gottesfürchtig σὺν παντὶ τῷ

---

[94] Vgl. im einzelnen *H.J. Klauck*, Gütergemeinschaft. Dort Näheres zu den Summarien und Literaturverweise.

οἴκῳ αὐτοῦ" (V. 2a). Durch das Attribut „gottesfürchtig" (φοβούμενος τὸν θεὸν, auch in 10,22 und 10,35) und durch die nähere Beschreibung in V.2b wird er als jemand ausgewiesen, der samt Familie und Anhang dem jüdischen Monotheismus nahesteht, ohne Proselyt zu sein. V.7 gibt Auskunft darüber, wie sich der Erzähler die Zusammensetzung seines Haushalts vorstellt. Kornelius entsendet zwei Haussklaven und einen frommen Soldaten aus seiner engsten Gefolgschaft. Sie sollen Petrus in sein Haus bringen (V. 22: εἰς τὸν οἶκον αὐτοῦ, vgl. 10,30 und 11,12f). Dort hat Kornelius in Erwartung des Apostels bereits seine Verwandten und nächsten Freunde zusammengerufen (V. 25). Sie alle werden im Anschluß an die Petruspredigt vom Geist erfüllt (10,44-46) und getauft (10,47f). So erfüllt sich die Verheißung, die der Himmelsbote Kornelius gegeben hat, von der wir aber erst im rückblickenden Rechenschaftsbericht des Petrus erfahren: „du wirst gerettet werden, du und dein ganzes Haus (πᾶς ὁ οἶκός σου)" (11,14). Ob Petrus der Einladung von 10,48b folgt und einige Tage im Haus des Kornelius bleibt, wird nicht gesagt. Aber er hat dort gegessen, mit Heidenchristen Tischgemeinschaft gehalten, wie aus dem Vorwurf in 11,3 hervorgeht.

Zwei weitere Belege finden sich in der Erzähleinheit, die von den Anfängen des Christentums in Philippi handelt. Am ersten Sabbat in der fremden Stadt geht Paulus auf der Suche nach einer Synagoge hinaus an den Fluß (Apg 16,13). Er trifft die Purpurhändlerin Lydia, anscheinend eine selbständige Geschäftsfrau, womöglich schon verwitwet, jedenfalls aber „gottesfürchtig" im technischen Sinn (V. 14: σεβομένη τὸν θεόν). Die Predigt des Paulus ist erfolgreich. Nicht nur Lydia wird getauft, sondern auch ihr Haus (ἐβαπτίσθη καὶ ὁ οἶκος αὐτῆς in V. 15), zu dem mit ziemlicher Sicherheit Dienerinnen und Sklaven zählen, die für ihren Handelsbetrieb unentbehrlich waren. Im Anschluß an die Taufe drängt Lydia den Apostel, in ihr Wohnhaus einzukehren (V. 15: εἰς τὸν οἶκόν μου) und dort zu verweilen, vermutlich zum Mahl. Nach ihrer Freilassung gehen Paulus und Silas erneut zu Lydia, wo sie die „Brüder", d.h. die christliche Gemeinde antreffen (V. 40).

Dazwischen liegt der Gefängnisaufenthalt mit der Bekehrung des Gefängniswärters und seiner Familie. In immer neuen Variationen klingt hier das Hausmotiv auf:

V. 31: Glaube an den Herrn Jesus, und du wirst gerettet werden, du und dein Haus (σὺ καὶ ὁ οἶκός σου).

V. 32: Und sie verkündeten das Wort des Herrn, ihm und allen in seinem Haus (σὺν πᾶσιν τοῖς ἐν τῇ οἰκίᾳ αὐτοῦ).

V. 33: ... und er selbst wurde sogleich getauft und alle seine Angehörigen (οἱ αὐτοῦ πάντες).

V. 34: Und er führte sie in sein Wohnhaus (εἰς τὸν οἶκον), bereitete den Tisch und freute sich mit seinem ganzen Haus (πανοικεί), weil er zum Glauben an Gott gekommen war.

In allen drei Fällen ist die Taufe angesprochen, daneben aber auch die Essens- und Mahlthematik und die missionarische Predigt des Apostels, die ein Minimum an präbaptismaler Unterweisung sichert. Zusätzlich zum Haus im Sinn von Haushalt, Großfamilie spielt in allen Fällen auch das Wohnhaus eine Rolle.

Nur sehr partiell trifft das für Apg 18,8 zu, wo in der ersten Vershälfte gesagt wird, daß der Synagogenvorsteher Krispus zum Glauben an den Herrn gelangt σὺν ὅλῳ τῷ οἴκῳ αὐτοῦ, während seine Taufe mehr indirekt in V. 8b angesprochen ist: viele Korinther folgten seinem Beispiel, glaubten und wurden getauft. Nun haben wir hier die Möglichkeit zur Gegenkontrolle, weil Paulus selbst in 1 Kor 1,14 schreibt, er habe in Korinth niemand getauft außer *Krispus* und Gajus. Das *Haus* des Krispus erwähnt er nicht. Vermutlich wurde die Tradition von der Taufe des Krispus vorlukanisch oder redaktionell an das Schema der übrigen Oikos-Wendungen angeglichen.

Daß solche Aussagen über die Taufe von Häusern ein hohes Alter haben und nicht erst von Lukas geschaffen wurden, dafür ist 1 Kor 1,16 der Beweis: „Ich habe auch das Haus des Stephanas getauft" (vgl. 1 Kor 16,15). Außerdem haben wir die wenn nicht vorlukanische, so doch außerlukanische Überlieferung in Joh 4,53: der königliche Beamte „wurde gläubig, er selbst und sein ganzes Haus (ἡ οἰκία αὐτοῦ ὅλη)". Zu diesem Haus gehören u. a. der Sohn (V. 46 u. ö.) und die Sklaven von V. 51.

Sprachliche Vorbilder stellten sowohl die Septuaginta als auch die hellenistische Formelsprache bereit. Dazu einige Beispiele, zunächst aus der Septuaginta:

Gen 7,1: Und der Herr sprach zu Noah: Geh in die Arche, du und dein ganzes Haus (σὺ καὶ πᾶς ὁ οἶκός σου).

Dtn 15,20: Vor dem Herrn sollst du die Erstlinge Jahr für Jahr essen, du und dein Haus.

1 Sam 1,21: Elkana und sein ganzes Haus (πᾶς ὁ οἶκος αὐτοῦ) ziehen hinauf nach Schilo, das Opfer darzubringen.

4 Kön 8, 1f: Elischa sprach zu der Frau: Mach dich auf, du und dein Haus, und geh in die Fremde... Und sie zog aus, sie selbst und ihr Haus.

PsSal 3,8: Der Herr reinigt jeden gottgefälligen Mann und sein Haus.

In hellenistischen Weiheinschriften wird dem Kaiser und seinem ganzen Haus Heil gewünscht. Papyrusbriefe sprechen in der Anrede oder in den Schlußgrüßen vom ganzen Haus des Adressaten. Folgende Beispiele mögen genügen[95]:

OGIS 667,1–3 (Fayum, 61 n. Chr.):

Für Nero Claudius Caesar Augustus Germanicus Imperator und sein ganzes Haus (τοῦ παντὸς αὐτοῦ οἴκου) den überaus großen Göttern Pnepheros und Petesuchos...

SIG³ 852,2–7 (Thera, 150 n. Chr.):

Für unseren Herrn, den Caesar T. Aelius Hadrianus Antoninus Augustus Pius und Verus Caesar und Lucius Caesar und Augusta Faustina Glück und ewigen Bestand, auch für ihr ganzes Haus (καὶ σύμπαντος αὐτῶν οἴκου).

SGUÄ 9549 Nr. 4,11–16 (3. Jh. n. Chr.):

Ich wünsche, daß es dir gut geht, Bruder, mit deinem ganzen unversehrten Haus (μετὰ ὅλου σοῦ τοῦ οἴκου).

POxy 2273,23–26 (3. Jh. n. Chr.):

Vielmals grüße meinen ehrwürdigsten Herrn und Vater Silvanus mit seinem ganzen Haus (σὺν τῷ οἴκῳ αὐτοῦ ὅλῳ) (Schreiberin ist die Tochter).

POxy 3164,5–9 (73 n. Chr.):

Vollzogen wurden Opfer und Spenden für das Wohlergehen unseres Gottes und Herrn, Imperator Caesar Vespasianus Augustus, und seines ganzen Hauses.

---

[95] Weitere Belege (teils in Ergänzung zu den Listen bei *J. Jeremias*, Anfänge 14f, und *G. Delling*, Taufe 292–295): PFlor 303,9; POxy 1299,15; 2679,13f; 2787,7; 3047,5.8f.19; SGUÄ 9122,13; 9882rII,15f; 10 064,2f; 10 166,2; 10 167,1f; 10 297,16f; BGU 261,33.

Schließlich sei noch das Weiterleben der Wendung in der christlichen Sprache mit drei Texten illustriert:

Ignatius von Antiochien, Polykarpbrief 8,2:

> Ich grüße euch alle mit Namen, auch die Witwe des Epitropus mit ihrem ganzen Haus (σὺν ὅλῳ τῷ οἴκῳ αὐτῆς) und dem der Kinder.

Hirt des Hermas 56,9 (Sim 5,3,9):

> Dies sollst du so beobachten mit deinen Kindern und deinem ganzen Haus.

Acta Philippi 69 (II/2, 28,6f Lipsius-Bonnet):

> Du und dein Haus und deine Kinder und deine Sklaven...

Daß in einigen Fällen Kinder oder Frauen oder Sklaven neben dem Haus eigens genannt werden, bedeutet keineswegs, daß sie im Begriff des Hauses nicht mitenthalten seien. Vielmehr werden sie aus irgendeinem Grund vor diesem selbstverständlichen Hintergrund gesondert abgehoben.[96] Was nun Lukas angeht, wird man sich besser hüten, Alternativen zwischen Septuaginta und hellenistischem Sprachgebrauch als Herkunftsbereich aufzubauen. Daß diese Wortverbindung zugleich biblisch (besonders in der Form: „du und dein Haus") und hellenistisch (meist: „mit deinem Haus") klingt, kommt ihm gerade entgegen. Ähnlich verhält es sich z. B. bei der Gütergemeinschaft, für deren Beschreibung Lukas sich zugleich der Sprache biblischer Verheißungen (Dtn 15,4) und platonisch-pythagoreischer Sozialutopien bedient.

Die sogenannte Oikosformel hat in der Exegese ein recht unglückliches Schicksal gehabt. Mit seltener Einseitigkeit, um nicht zu sagen Verbissenheit hat man sie in den Streit um die neutestamentliche Begründung der Kindertaufe hineingezogen.[97] Das Ergebnis der hitzigen Debatte ist sehr mager. Von sich aus gibt der Oikosbegriff das Vorhandensein von Kindern weder frei noch schließt er es aus. Der Kontext bietet in keinem einzigen Fall eine Entscheidungshilfe. Einmal angenommen, zum großen Haushalt des Kornelius hätten Kinder gehört und sie seien, was ich in diesem Fall für das Wahrscheinlichere halte, mitgetauft worden, so ist

---

[96] Vgl. *G. Theißen*, Studien 247.

[97] Vgl. die allzu breit geführte Debatte zwischen *J. Jeremias*, Kindertaufe 23–28; *ders.*, Anfänge 9–27, und *K. Aland*, Säuglingstaufe 60–67; *ders.*, Stellung 30–35, in die u. a. *P. Weigandt*, Oikosformel 68–74, und *A. Strobel*, Kindertaufe 43–45; *ders.*, Begriff 91–100, eingegriffen haben. Mit neuem Material *G. Delling*, Taufe. Einen Überblick gibt *L. Schenke*, Oikosformel 229–238.

damit noch nicht viel gewonnen. Das historisch Mögliche braucht nicht schon das theologisch Verpflichtende zu sein, und die heutige Kontroverse betrifft nicht so sehr die Kindertaufe, sondern die Säuglingstaufe. Es macht ja einen erheblichen Unterschied, ob Kinder von zehn Jahren getauft werden oder Säuglinge von wenigen Wochen. Man müßte also für die „Häuser" der Apostelgeschichte nicht nur Kinder, sondern Babies postulieren, womit wir endgültig im Reich der reinen Phantasie angelangt sind.

Um Mißverständnisse zu vermeiden: das Recht der Säuglingstaufe soll hier nicht bestritten werden. Doch gibt die Oikosformel bei Lukas für diese Frage nicht das Geringste her, selbst dann nicht, wenn man sie gegen den Strich, d. h. entgegen ihren eigenen Intentionen auf mögliche Zusatzinformationen hin abhört.[98]

Erst wenn man sich von dieser Fixierung löst, wird der Blick frei für die eigentliche Funktion der Oikosformeln. Sie sind Gründungsberichte, aitiologische Gründungslegenden, wenn man so will, von alten Hausgemeinden, die sich zu Ortsgemeinden weiter entwickelten und deren ursprünglicher Kern ein familiäres Oikos bildet. Die Kornelius-Episode würde dann die Gründung der heidenchristlichen Ortsgemeinde von Caesarea schildern, die als Hausgemeinde begann. Lydia und der Gefängniswärter mit ihren Hausgemeinden gelten in Philippi als Gründungsgestalten. Krispus in Korinth stellt traditionsgeschichtlich, wie oben dargelegt, einen Sonderfall dar.

Auf dieser Basis gewinnen dann auch die anderen Angaben im Kontext ihren Sinn. Apostolische Predigt und freudiges Mahl deuten darauf hin, daß Wort und Herrenmahl die Säulen des Glaubenslebens in den Hausgemeinden bilden. Die Taufe steht im Mittelpunkt, weil sie konstitutive Bedeutung hat. Ohne sie kann Gemeinde nicht entstehen. Das Wohnhaus, dessen Erwähnung man meist übersieht, wird gebraucht, damit die Hausgemeinde ihre Aktivitäten entfalten kann.

3. DIE SYNOPTISCHEN EVANGELIEN

3.1 Die Hausmission

Mit geschärftem Blick können wir uns nunmehr den synoptischen Evangelien zuwenden, wo man Hinweise auf Hausgemeinden zunächst nicht erwarten würde. Aber in der Aussendungsrede der Logienquelle steht die

[98] Vgl. *L. Schenke*, Oikosformel 239–242, der einen Neuansatz versucht.

Anweisung: „Wenn ihr in ein Haus (οἰκίαν) hineinkommt, sprecht zuerst: Friede diesem Hause (οἴκῳ)", und, so kann man die Fortsetzung mit dem fast verdinglichten Sich-Niederlassen oder Zurückkehren des Friedens paraphrasieren, seht zu, ob euer Experiment gelingt (Lk 10,5f par Mt 10,12f). Die Jünger, und das sind in der Perspektive der Logienquelle die urchristlichen Missionare auf ihrer Wanderschaft, sollen zuerst versuchen, ein Haus und eine Familie für sich zu gewinnen. Hausmission heißt das Gebot der Stunde. Vom Haus aus können sie in einer späteren Phase, die sich in Mt 10,11 par Lk 10,8 niederschlägt, die Eroberung des Dorfes oder der Stadt in Angriff nehmen.

Für ein solches Haus gilt die Regel: „In diesem Hause aber bleibt"[99]. Dieses „Verweilen im Haus ist aber nur sinnvoll, wenn über die Konfrontation mit dem Heilsangebot hinaus an eine weiterführende Betreuung und die Gründung einer Gemeinde gedacht ist"[100], einer Hausgemeinde, wird man präzisieren.

Der anschließende Halbvers: „Dort eßt und trinkt, was man euch gibt (oder: was sie haben)" (Lk 10,7b), besagt ursprünglich die volle Aufnahme der Boten in die Hausgemeinschaft, die im Vollzug der Tisch- und Mahlgemeinschaft ihren Ausdruck findet.[101] In einem weiteren Schritt wird mit Hilfe dieses Wortes das Problem der Versorgung des Missionars gelöst. Der Zusatz: „Denn der Arbeiter ist seines Lohnes wert" (Lk 10,7c par Mt 10,10b), trägt in die Botenrede den Gedanken des apostolischen Unterhaltsrechts ein (vgl. 1 Kor 9,4–18; 2 Kor 11,7–13). „Zieht aber nicht von Haus zu Haus" (Lk 10,7d) warnt dann vor ständigem Quartierwechsel, weniger aus Sorge um die Kontinuität der häuslichen Aufbauarbeit als vielmehr aus dem Wissen heraus, daß das Unterhaltsrecht auch mißbraucht wurde.[102] Diese praktischen Gesichtspunkte bestimmen die markinische Fassung der Hausmissionsregel (Mk 6,10 par Lk 9,4), die sehr verkürzt und selektiv wirkt.

Hinter diesen Anweisungen, die aus der Praxis erwachsen und angereichert sind, werden zwei verschiedene, aber komplementäre Lebensweisen erkennbar. Auf der einen Seite stehen die urchristlichen Wanderprediger mit ihrem Ethos der Heimat- und Besitzlosigkeit, das sie in der Nachfolge Jesu (vgl. Lk 9,58 par Mt 8,20) auf sich genommen haben. *Gerd Theißen*

---

[99] Lk 10,7a; als alte Überlieferung erwiesen durch die Dublette in Mk 6,10b.

[100] *J. Gnilka*, Mk I, 240.

[101] Vgl. *P. Hoffmann*, Studien 297. Dort 235–334 auch zur Analyse und Interpretation der Botenrede generell.

[102] Vgl. Did 11,5f (s. u.); Luc., Pergr Mort 12f.

hat dafür den treffenden Ausdruck „Wanderradikalismus“ geprägt.[103] Ihre Wahl dieser Lebensform provozierte fast notwendig die verständnislose Ablehnung der eigenen Familie, wie es bei Jesus selbst der Fall war: „Nirgends gilt ein Prophet weniger als in seiner Heimat, bei seinen Verwandten und in seiner Familie (οἰκία)“ (Mk 6,4; vgl. Mk 3,21).
Eine Reihe von synoptischen Jesuslogien thematisiert diesen Bruch mit der eigenen Familie, den die Jesusnachfolge mit sich bringt, sehr kraß z.B. Mt 8,21f par Lk 9,59f („Laß die Toten ihre Toten begraben...„) oder Mt 10,37 par Lk 14,26 („Wer Vater oder Mutter mehr liebt als mich...“). In apokalyptische Perspektive gerückt erscheint das als unumgängliche Begleiterscheinung der Wirren der Endzeit, in denen der Jünger sich bewähren muß:

> Von nun an werden fünf in einem Haus (ἐν ἑνὶ οἴκῳ) zerstritten sein,
> drei gegen zwei und zwei gegen drei,
> der Vater gegen den Sohn und der Sohn gegen den Vater,
> die Mutter gegen die Tochter und die Tochter gegen die Mutter,
> die Schwiegermutter gegen ihre Schwiegertochter
> und die Schwiegertochter gegen die Schwiegermutter.[104]

Aber der Familiengedanke geht nicht verloren, er wird umgeprägt (Mk 3,34f). Ganz im luftleeren Raum konnten die Missionare auch nicht existieren. Für Unterkunft, Kleidung und Verpflegung waren sie auf die christlichen Häuser angewiesen, die ihre feste Plattform in den Ortschaften bilden. Diese doppelte Bewegung, Verlust der eigenen Familie – Gewinn der Gemeinde, ist im Logion Mk 10,29f ausgesagt:

> Es gibt keinen, der verlassen hat *Haus* (οἰκίαν)[105]
> oder Brüder oder Schwestern
> oder *Mutter* oder *Vater* oder Kinder
> oder Äcker um meinetwillen...
> ohne Hundertfältiges zu erhalten,
> jetzt in dieser Weltzeit *Häuser* (οἰκίας)
> und Brüder und Schwestern
> und *Mütter* und Kinder und Äcker...

[103] Studien 79–105.
[104] Lk 12,52f. Vgl. Mt 10,21f; Mk 13,12 parr; zum Bild auch Mk 3,25 parr.
[105] Es wird nicht ganz deutlich, ob Haus hier als Familie oder als Wohnhaus zu verstehen ist. Für die Familie spricht die sich anschließende Auffächerung in einzelne Glieder, für das Wohnhaus die Inklusio mit den Äckern am Schluß.

Von *Ehefrauen* ist nichts gesagt (sie treten erst sekundär in Varianten der handschriftlichen Überlieferung hinzu), Ehefrauen haben das Wanderleben ihrer missionierenden Gatten offenbar geteilt (vgl. 1 Kor 9,5). Die neuen Häuser aber, die neuen Verwandten und die auf den ersten Blick so befremdlichen neuen Äcker, das sind die christlichen Hausgemeinden, die mit ihrem ganzen Hab und Gut dem Missionar neue Heimat, familiäre Gemeinschaft und materielle Existenzsicherung bieten.

Der Text nuanciert sehr fein. Im ersten Teil steht disjunktives „oder", der Verlust kann partiell sein. Der zweite Teil hat kopulatives „und", der Gewinn ist allumfassend. Brüder und Schwestern stehen voran, so nannten sich die Christen gegenseitig. Der Plural „Häuser" und „Mütter" im zweiten Teil macht unmißverständlich klar, daß es nicht mehr um *ein* Hauswesen und *eine* irdische Familie gehen kann. Der Vater aus der ersten „Strophe" fehlt in der zweiten, vermutlich deshalb, weil für die Gemeinde gilt: „Ihr sollt niemand unter euch Vater nennen, einer ist euer Vater, der im Himmel" (Mt 23,9). Implizit ist vorausgesetzt, daß neben dem freiwilligen oder erzwungenen Besitzverzicht eine andere legitime Möglichkeit besteht, nämlich die, Haus und Vermögen gezielt für die Gemeinde einzusetzen. Es laufen, besonders über die Äcker und Häuser, gedankliche Verbindungslinien hin zum lukanischen Idealbild der Gütergemeinschaft in der Urgemeinde von Jerusalem.[106]

Damit ist eine wichtige Funktion der Hausgemeinde erneut erkannt und bestätigt: sie waren Stützpunkte für die Mission. Gastfreundschaft wird nicht zuletzt aus diesem Grund zu einer besonderen christlichen Tugend.[107] Schon ein Becher Wasser, dem Jesusjünger gereicht, wird unvergessen bleiben (Mk 9,41). Die Didache schärft ein, wandernde Apostel ohne Zögern aufzunehmen wie den Herrn selbst (Did 11,4), aber nur für ein bis zwei Tage (11,5), und er darf kein Geld verlangen (11,6). Negative Erfahrungen schieben sich hier in den Vordergrund. Der *Hirt des Hermas* hält es schwachen Christen zugute, daß sie trotz sonstiger Fehler immerhin die Diener Gottes bereitwillig in ihre Häuser aufnahmen (Herm 76,3). Für Bischöfe versteht sich diese Gastlichkeit in ihrem Haus von selbst (Herm 104,2).

Vor dieser Folie der Hausmission gewinnen einige andere Stellen eine zusätzliche Dimension. Der besessene Gerasener[108] bittet Jesus nach der

Am besten beläßt man Oikia hier seine Doppelbedeutung.

[106] Zum Ganzen *H. Fürst*, Verlust 22–38.

[107] Vgl. *H. Rusche*, Gastfreundschaft; *M. Puzicha*, Christus peregrinus.

[108] Zum folgenden *J. Gnilka*, Mk I, 199–208.

Heilung, sein Jünger werden zu dürfen (Mk 5,18). Jesus gibt ihm statt dessen den Auftrag:

> „Geh in dein Haus (εἰς τὸν οἶκόν σου) zu den Deinen und melde (ἀπάγγειλον), was der Herr (Gott) an dir Großes getan und wie er sich deiner erbarmt hat" (Mk 5,19).
> Und der ging hin und begann in der ganzen Dekapolis zu verkünden (κηρύσσειν), was Jesus an ihm getan hatte, und alle wunderten sich (Mk 5,20).

Die traditionsgeschichtlichen Verhältnisse liegen so, daß Markus die stilechte Entlassung nach Hause (vgl. Mk 2,11) als Schweigegebot auffaßt (vgl. Mk 8,26) und V. 20 als dessen unvermeidliche Durchbrechung (vgl. Mk 7,36). Aber in ihrer jetzigen Gestalt gibt die Stelle auch dies her: gestützt auf sein Haus und seine Familie wird der Gerasener zum Boten Jesu und zum Heidenmissionar. Das steht in Übereinstimmung mit der weithin vertretenen Ansicht, daß die Perikope vom besessenen Gerasener die Heidenmission legitimieren soll.

Fast ebenso allgemein wird das Gleichnis vom großen Mahl in der Lukasfassung auf die Heidenmission hin ausgelegt. Es ist bemerkenswert, daß die zuletzt Geladenen von den Straßen und Zäunen gerufen werden, „damit mein *Haus* voll wird" (Lk 14,23). Im Bildwort vom Licht unter dem Scheffel hat Lukas in 11,33 (Lk 8,16 ist textkritisch umstritten) den Zusatz: „damit die Eintretenden das Licht sehen". Das bezieht sich auf die Neubekehrten, die von der christlichen Verkündigung gewonnen werden. Für das Verständnis des Bildes ist die Vorstellung eines Hauses unentbehrlich, aber nur in der Matthäusversion wird es ausdrücklich erwähnt: das Licht „leuchtet allen, die *im Hause* sind" (Mt 5,15). Wenn diese Schlußwendung schon in der Logienquelle stand, was wahrscheinlich ist, hat sie sich dort auf das *Haus Israel* bezogen, zu dem sich der Trägerkreis dieser Spruchsammlung in erster Linie gesandt weiß. Wir werden auf das Verhältnis von Hausgemeinde und Haussymbolik noch zurückkommen.

3.2 Die Hauskatechese

Jesus selbst sucht nach den synoptischen Erzählungen häufig das Haus von Anhängern und Sympathisanten auf, um dort Mahl zu halten oder um sich zurückzuziehen. Besonders deutlich wird das im Markusaufriß.[109]

---

[109] Vgl. *E. Ravarotto*, Casa, der an den meisten Stellen das Haus des Petrus in

Jesus geht in das Haus des Simon Petrus, wo er dessen fieberkranke Schwiegermutter heilt, die ihnen anschließend bei Tisch aufwartet (Mk 1,29–31). In einem Hause in Kapharnaum heilt er den Gelähmten (Mk 2,1), hält er mit Levi Mahl (Mk 2,15). „Und er ging in ein Haus, und wiederum sammelte sich eine Menge, so daß sie nicht einmal Brot essen konnten", heißt es im Anschluß an die Berufung der Zwölf (Mk 3,20). Der Wunsch, sich zurückzuziehen, ist in Mk 7,24 ausformuliert: „Und er ging in ein Haus, wollte aber nicht, daß es jemand erfuhr. Doch er konnte nicht verborgen bleiben." Wiederum in Kapharnaum bringt er im Haus die Jünger durch die Frage nach ihrem Rangstreit in Verlegenheit (Mk 9,33). Die letzten Stationen vor der Passion sind das Haus Simons des Aussätzigen in Bethanien, wo eine Frau Jesus salbt, zum Begräbnis, wie sich zeigen wird (Mk 14,3), und das Obergemach, in dem er mit den Seinen das Abschiedsmahl hält (Mk 14,14f).

Die Seitenreferenten folgen Markus nur an einem Teil dieser Stellen. Dafür entwickelt Lukas in seinem Sondergut eine Vorliebe für Szenen, die Jesus als Gast bei einem Mahl zeigen, im Haus eines Pharisäers (Lk 7,36f.44), im Haus eines pharisäischen Führers (Lk 14,1) und im Haus des Oberzöllners Zachäus (Lk 19,5.9).[110]

Spezifisch markinisch wiederum ist eine Aussagereihe, die sich von diesem Hintergrund noch einmal abhebt. Jesus spricht zur Menge die Sentenz über Rein und Unrein (Mk 7,14f), abseits der Menge *im Haus* fragen ihn die Jünger nach dem Sinn dieses „Gleichnisses" (7,17), Jesus gibt ihnen allein eine gesonderte Auslegung (7,18–23). Jesus heilt den besessenen Knaben, an dem sich die Jünger vergeblich versucht hatten (Mk 9, 14–27). Anschließend geht er *in ein Haus,* wo die Jünger mit ihm allein (κατ' ἰδίαν) sind und ihn nach dem Grund ihres Mißerfolgs fragen, worauf Jesus sie über die Wichtigkeit des Gebetes beim Exorzismus belehrt (9,28f). Die Pharisäer tragen an Jesus die Frage des Scheidebriefes heran, die er mit einer längeren Schriftargumentation beantwortet (Mk 10,2–9). Erst *im Haus* prägt er auf die Bitte der Jünger hin den kasuistischen Rechtssatz, der die neue christliche Ehepraxis begründet (10,10–12).

Diese esoterische Jüngerbelehrung findet sich bei Markus noch an anderen Stellen ohne direkte Verbindung zum Haus. Beim Übergang vom Säemannsgleichnis zu dessen allegorischer Auslegung wird nur gesagt: als sie „allein" (κατὰ μόνας) waren (Mk 4,10), aber der Redaktor könnte an

---

Kapharnaum wiederfindet.

[110] Lk 10,38 (Maria und Martha) nur *si vera lectio*. Vgl. noch Mt 9,28.

einen Wechsel von der Volkspredigt am See zur esoterischen Unterweisung im Haus gedacht haben. Interessant ist, daß Matthäus bei der erzählerischen Inszenierung seines Gleichniskapitels einen solchen Rückzug ins Haus an späterer Stelle einbringt (Mt 13,36).

Das Schema hat seinen Sitz im Leben in der Katechese, es spiegelt sich darin die katechetische Situation der markinischen Gemeinde. Wie die Jünger wußten sich die Christen in Jesu Lehrhaus aufgenommen, wo ihr anfänglicher Glaube seine wissensmäßige Vertiefung erfährt.[111] Zur Bestimmung der Hausgemeinde ist damit ein weiterer Faktor hinzugetreten: sie war der Ort der katechetisch-lehrhaften Unterweisung.

Überhaupt wird man die Vorliebe des Markus für die häusliche Szenerie auf seine Erfahrungen mit den Hausgemeinden (in Rom?) zurückführen, in denen der Erhöhte in Wort und Mahl gegenwärtig ist. Wenn er im Gleichnis vom Türhüter (Mk 13,34–36) von der Übertragung der Vollmacht an die Knechte spricht und vom Herrn des Hauses, der wiederkommen wird, so gewinnt das eine unverkennbare allegorische Signifikation. Angesprochen ist die Gemeinde, die im Hause weilt, und Jesus als der eigentliche Herr seiner häuslichen Schar.

4. DIE NACHPAULINISCHE BRIEFLITERATUR

Die paulinische Wendung ἡ κατ' οἶκον ἐκκλησία kommt in der späteren urchristlichen Literatur nicht mehr vor. Zwar formuliert *Heinrich Weinel* überspitzt, wenn er schreibt: „In Verfolgungen, wenn die Gesamtgemeinde ganze Zeiten hindurch zersprengt war, haben diese Hausgemeinden das Christentum am Leben gehalten und gerettet. Sie sind aber doch, um der Gesamtorganisation willen und weil die ‚Irrlehrer' an ihnen den stärksten Rückhalt hatten, im zweiten Jahrhundert von den Bischöfen und anderen kirchlichen Männern erdrückt worden. Ignatius in Syrien und Hermas in Rom zeigen uns den Kampf gegen sie in vollem Ausbruch"[112] – überspitzt deshalb, weil sich ein direkter Kampf in den Briefen des *Ignatius von Antiochien* und im *Hirten des Hermas* nicht nachweisen läßt, es sei denn, man deutet die häufigen Mahnungen des Märtyrerbischofs zur kirchlichen Einheit[113] in diesem Sinne aus. Wohl aber treten Oikos und Ekklesia allmählich auseinander, wobei Ekklesia mehr ins

[111] Vgl. *J. Gnilka*, Mk I, 164.
[112] *H. Weinel*, Paulus 208.
[113] Z.B. Eph 5,1f; Magn 7,1f; Phil 4,1; Smyrn 8,1f. Dazu *J. Wagner*, Eucharistiefeiern 32–40.

Universelle und Institutionelle tendiert und Oikos zurück ins rein Familiäre.
Ignatius grüßt in seinen Briefen verschiedentlich die Häuser seiner Brüder mit Frauen und Kindern (Smyrn 13,1), das Haus der Tavia (13,2) und das Haus der Witwe des Epitropus (Pol 8,2) in Smyrna. Daneben steht unverbunden die Anrede an die Ortsgemeinde (z.B. Smyrn 11,1f; Pol 8,1) und das Wort von der einen, universalen katholischen Kirche (Smyrn 8,2), die sich in den Ortsgemeinden verwirklicht, nicht mehr unbedingt in den Häusern. Wohl setzt der Autor für diese Häuser ein gemeinsames christliches Glaubensleben voraus.
Im *Hirt des Hermas* wird gerade das zum Problem. Oikos steht hier überwiegend für die Familie des Visionärs[114], daneben auch für sein Wohnhaus, wo er fastet und betet und wo ihn der Deuteengel aufsucht[115]. Die Familie des Sehers aber hat sich durch Glaubensabfall schwer versündigt, sie muß umkehren und Buße tun (vgl. besonders Herm 66,1–7). Die „heilige Kirche" hingegen tritt bei Hermas sogar personifiziert als überirdische Frauengestalt in Erscheinung.[116]

4.1 Gemeinde und „Haus Gottes"

Zwei bildhafte Verwendungsweisen des Oikos-Begriffs in den soeben genannten Schriften sind gesonderter Betrachtung wert. *Ignatius* schreibt an die Epheser (6,1):

> Wen der Haushalter (οἰκοδεσπότης) in seine eigene Hausverwaltung (οἰκονομίαν) schickt, den müssen wir aufnehmen wie den Sendenden selbst.

Dazu fällt sofort die Paulusstelle ein: „So soll man uns ansehen, als Diener Christi und Verwalter (οἰκονόμους) der Geheimnisse Gottes" (1 Kor 4,1), die in dem Wort von den „trefflichen Verwaltern der vielfältigen Gnade Gottes" (1 Petr 4,10) weiterlebt (vgl. noch 1 Kor 9,17; Röm 14,4). Man kann hier in der Tat „die deutlichste Anwendung hausgemeinschaftlicher Begriffe auf theologische Vorstellungen"[117] konstatieren und von da aus erneut fragen, inwieweit die Bilder aus dem Leben der Hausgemein-

---

114 Herm 1,9; 3,1f; 7,1; 9,6; 27,7; 33,7; 46,6; 56,9; 66,1–7.
115 Herm 8,2; 25,1; 32,3; 61,1; 66,1; 78,3; 88,2.6.
116 Vgl. nur Herm 8,1; 11,3; 22,3; 23,2.
117 *E. A. Judge*, Gruppen 37.

schaft, die in der synoptischen Gleichnissprache so häufig verwandt werden[118], eine zusätzliche ekklesiologische Nuance erhalten.

Eine andere Blickrichtung eröffnen zwei Stellen im *Hirt des Hermas*, wo der Ausdruck: „Haus Gottes" (οἶκος τοῦ θεοῦ) die Kirche bezeichnet (Herm 90,9 [bis]; 91,1). Sucht man nach den Wurzeln dieser Vorstellung, ist man zunächst auf das Alte Testament verwiesen. Dort meint „Haus" verhältnismäßig oft das Gotteshaus allgemein (1 Sam 5,2.5), besonders in Ortsnamen (Bethel in Gen 12,8 etc.), vor allem aber den Tempel[119]. Neben diesem eher statischen Ausdruck ist die mehr dynamisch-personale Redeweise vom „Haus Israel" zu notieren[120].

In den *Qumranschriften* wird „Haus" zur Selbstbezeichnung der Gemeinde. Sie ist „Heiligtum in Aaron und Haus der Wahrheit in Israel" (1QS 5,6), „ein Haus der Vollkommenheit und Wahrheit in Israel" (1QS 8,9), „ein heiliges Haus für Aaron ... und ein Haus der Gemeinschaft für Israel" (1QS 9,6), „ein festes Haus in Israel, wie noch keines gestanden hat seit ehedem" (CD 3,19). Das hängt mit dem Selbstverständnis der Gemeinde als erneuerter geistlicher Tempel zusammen[121], aber auch mit ihrem Anspruch, „die ganze Gemeinde Israels der zukünftigen Tage" (1QSa 1,1) zu repräsentieren.

Im Neuen Testament kann man eine architektonische und eine familiäre Metaphorisierung des Oikos-Gedankens voneinander abheben, wobei man sogleich hinzufügen muß, daß sich beides überlagert. An zwei Stellen wird die Gemeinde direkt „Haus Gottes" genannt, in 1 Petr 4,17: „Zuerst trifft es (das Gericht) das Haus Gottes selbst", und in Hebr 10,21: „Wir haben einen großen Hohenpriester, der über das Haus Gottes gesetzt ist". Hebr 3,2–6, ein Midrasch zu Num 12,7, vergleicht Jesus mit Moses, der „treu erfunden ward in seinem ganzen Haus", womit alttestamentlich das Haus Israel angesprochen ist. Dann aber wechselt das Bild zum Erbauen eines Hauses über, und zum Schluß heißt es: Christi Haus sind wir (V. 6: οὗ οἶκός ἐσμεν ἡμεῖς). Der *erste Klemensbrief* zitiert zweimal die gleiche Stelle Num 12,7 (1 Klem 17,5; 43,1). Im *Barnabasbrief* wiederum wird

---

[118] Vgl. οἰκοδεσπότης (Vorzugswort matthäischer Gleichnissprache) in Mt 10,25; 13,27.52; 20,1.11; 21,33; 24,43; οἰκονόμος in Lk 16,1–8 und 12,42; οἰκετεία in Mt 24,45.

[119] Z. B. 1 Kön 8,13.27. Im NT noch Mk 2,26 parr und 11,17 parr. Belege für „Haus Gottes", „heiliges Haus" o. ä. für heidnische Tempel bei Moulton-Milligan 443.

[120] Z. B. Jes 5,7; Hos 5,1. Im NT Mt 10,6; 15,24; Apg 7,42; Hebr 8,8.10.

[121] Vgl. *G. Klinzing*, Umdeutung 50–93; *B. Gärtner*, Temple 21f.

dem jüdischen Tempel der Ehrentitel „Haus Gottes" abgesprochen und der christlichen Gemeinde zuerkannt (Barn 16,1–10).

Angebahnt ist diese Übertragung schon bei Paulus in 1 Kor 3,16 (vgl. 6,19): „Wißt ihr nicht, daß ihr der Tempel Gottes seid". Aber es bleibt zu beachten, daß hier noch nicht Oikos steht und daß nirgendwo von einer Hausgemeinde direkt ausgesagt wird, sie sei Haus oder Tempel Gottes. Der Begriff bleibt einerseits zu sehr mit kultischen Obertönen behaftet, deswegen kommt er gerade im Hebräerbrief vor. Er setzt für seine Anwendbarkeit andererseits ein zu hohes Maß an Vergeistigung und Abstraktion voraus. Theoretisch wußte man sehr wohl: „Der Höchste wohnt nicht in Häusern von Menschenhand" (Apg 7,48 und 17,24). Die konkrete Lebenswirklichkeit der Hausgemeinden war damit nicht einzufangen.

Nicht weit vom übertragenen Gebrauch des Tempelbegriffs in 1 Kor 3,16f entfernt findet sich bei Paulus in 1 Kor 3,9 die Aussage: „ihr seid Gottes Bauwerk (οἰκοδομή)". Diese architektonische Bildreihe (vgl. noch Röm 15,20) erscheint abgeblaßt in der häufigen Mahnung zur gegenseitigen „Erbauung", die auch mit dem „Auferbauen" der Gemeinde zu tun hat[122], wird in 1 Petr 2,5: „wie lebendige Steine auferbaut als geistiges Haus zu einer heiligen Priesterschaft, geistige Opfer darzubringen", mit kultischen Konnotationen angereichert und verbindet sich in Eph 4,12.16 mit dem gleichfalls paulinischen Theologumenon von der Gemeinde als Leib Christi (aus 1 Kor 12 und Röm 12). Einen Höhepunkt bildet – neben der endlos langen Turmbauallegorie im Hirten des Hermas – die Stelle Eph 2,19–22, wo die Fülle der Assoziationen eine derartige Dichte erreicht, daß die einzelnen Linien kaum noch auseinanderzuhalten sind:

> Ihr seid Mitbürger der Heiligen und *Hausgenossen* Gottes (vgl. Gal 6,10),
> *auferbaut* auf dem *Fundament* der Apostel und Propheten,
> mit Jesus Christus als *Schlußstein*,
> durch den das ganze *Bauwerk* zusammengehalten wird
> und zu einem heiligen *Tempel* im Herrn heranwächst
> durch den auch ihr mit *eingebaut* werdet in die geistige *Wohnstatt* Gottes.

---

[122] Vgl. 1 Thess 5,11; 1 Kor 8,1.10; 10,23; 14,3–5.12.17.26; 2 Kor 10,8; 12,19; 13,10; Röm 14,19; 15,2. Vgl. aus der synoptischen Bildsprache Mt 7,24–27; 16,18. Zum Ganzen *P. Vielhauer*, Oikodome 53–144; *J. Pfammatter*, Kirche 5–139.

Beschrieben wird ein himmlischer Bau, ein Idealbild, das der universalen Kirche als Zielvorstellung vorgegeben ist und nicht schon in einer Einzelgemeinde realisiert werden kann. Solche theologischen Modelle sind deshalb gewiß nicht primär von der Hausgemeinde her oder auf sie hin entworfen. Aber es ist auf der anderen Seite kaum ohne jede Bedeutung, daß für die theologische Erfassung und Beschreibung von Gemeinden, die sich konkret fast ausschließlich in Häusern trafen, so oft Bilder aus dem Hausbau verwendet werden.

4.2 Das Oikosmotiv in den Pastoralbriefen

Für die Metaphorisierung des familiären Oikosbegriffs auf die Gemeinde hin gibt es Vergleichsmaterial im griechisch-hellenistischen Denken. Nach *Aristoteles* hat sich die Dorfgemeinschaft aus der Hausgemeinschaft entwickelt.[123] *Plutarch* referiert die Anekdote, Lykurg habe jemanden, der Demokratie im Staat verlangte, zur Antwort gegeben, er solle zuerst Demokratie in seinem eigenen Haus herstellen (Lycurg 19,3). *Sophokles* legt dem Kreon die Worte in den Mund: „Wer sich in häuslichen Dingen als brauchbarer Mann zeigt, wird auch im Staat sich als gerecht erweisen“[124]. Das bringt uns sehr nahe an eine Stelle in den Pastoralbriefen (1 Tim 3,5) heran, deren Oikos-Denken abschließend im Überblick skizziert sei.

Der Episkopenspiegel in 1 Tim 3,1–7 fordert vom Bischof:

> Er soll dem eigenen Haus (τοῦ ἰδίου οἴκου) gut vorstehen, die Kinder in Zucht halten mit aller Ehrbarkeit (V. 4).
> Denn wenn einer nicht einmal dem eigenen Haus (τοῦ ἰδίου οἴκου) vorzustehen weiß,
> wie soll der sich um die Gemeinde Gottes (ἐκκλησίας θεοῦ) kümmern? (V. 5).

Ganz ähnlich wird von den Diakonen erwartet, daß sie „ihren Kindern gut vorstehen und den eigenen Häusern“ (1 Tim 3,12), und Tit 1,7 sagt wiederum vom Episkopus, er müsse „unbescholten sein als Haushalter (οἰκονόμον) Gottes“ (vgl. die οἰκονομία θεοῦ in Tim 1,4).

---

[123] Pol 1252b 17: ἡ κώμη ἀποικία οἰκίας.

[124] Antig 661f. Vgl. auch die wenig später folgende Zeile 673f: Anarchie „vernichtet Staaten, verwüstet Häuser/Familien“.

Die Episkopen übten ihr Vorsteheramt nicht nur in ihrem eigenen Haushalt aus, so, als seien ihre Gemeinde und ihre Familie weitgehend identisch. Daher formuliert *Gottfried Holtz* etwas mißverständlich, wenn er schreibt: „Es war wohl möglich, daß der Leiter der Hausgemeinde auch das Haupt der Familie war, in der man sich versammelte“[125]. Wir haben es mit Ortsgemeinden zu tun, die über das einzelne Hauswesen beträchtlich hinausgreifen. Nicht auszuschließen ist für den Einzelfall, daß das Haus des Episkopus auch Stätte der Zusammenkunft für die Gemeinde war, darin hat Holtz Recht. Die Mahnung, Ordnung im eigenen Haus zu halten, hätte dann eine besondere Dringlichkeit. Aber das Hauptgewicht kommt doch der analogischen Denkbewegung zu. Die Hausgemeinschaft mit ihren Ordnungen und festen Regeln dient als verkleinertes Modell für die ganze Gemeinde oder die ganze Kirche.
Das bestätigt ein Blick auf die Amtsbezeichnungen: „Ältester“ (Presbyter), „Aufseher“ (Episkopus), „Diener“ (Diakon), oder auf ihre Tätigkeiten: „vorstehen“, „umsorgen“, „anordnen“, „auftragen“, „belehren“, alles Ausdrücke, die dem Hauswesen entnommen wurden und dort namentlich mit der Rolle des Hausvaters und Erziehers verbunden sind. Dem korrespondiert die Aufgabe des einfachen Gläubigen, der „lernen“ und „sich unterordnen“ soll.[126]
Damit befindet sich die „zentrale ekklesiologische Stelle der drei Briefe“[127], nämlich 1 Tim 3,15, völlig in Einklang:

> Du sollst wissen, wie man auftritt im Hause Gottes (οἴκῳ ϑεοῦ), denn das ist die Gemeinde des lebendigen Gottes (ἐκκλησία ϑεοῦ)...

Durch die bildhafte Ausdrucksweise etwas verdeckt, sagt 2 Tim 2,20f inhaltlich dasselbe aus: es gibt Irrlehrer in der Gemeinde, wie es in einem großen Haus eben verschiedene Gefäße gibt, edle und irdene, gute und schlechte, aber nur die guten sind für den Hausherrn, das heißt für Gott nützlich. Die Gemeinde als Familie mit Gott selbst als ihrem Hausherrn ist eine vorgegebene Größe, die sich mit der Hausgemeinschaft eines Episkopen nicht deckt, aber dort ein, wenn auch unvollkommenes, so doch zur Illustration brauchbares Abbild findet.

---

[125] Past 77f; vgl. 208.
[126] Vgl. mit Einzelnachweisen *H. von Lips,* Glaube 106–143. Elemente der urchristlichen Haustafeltradition erscheinen in den Pastoralbriefen in Gemeindetafeln transformiert, vgl. 1 Tim 2,1–15; Tit 2,1–10.
[127] *N. Brox*, Past 157.

In mancher Hinsicht werden die einzelnen Häuser zum Sorgenkind des Autors. Witwen mit Anhang sollen nicht der Gemeinde zur Last fallen (1 Tim 5,16), sondern von den eigenen Nachkommen versorgt werden, die lernen müssen, daß Pflichten gegenüber dem eigenen Haus (5,4) und den eigenen Hausgenossen bestehen (5,8). Zu junge Witwen sollen wieder heiraten und ihren eigenen Haushalt führen (5,14: οἰκοδεσποτεῖν), sich wie alle anderen Frauen auch in den Hausgeschäften bewähren (vgl. Tit 2,5). Sonst laufen sie nur müßig umher von Haus zu Haus, und dabei kommt nichts Gutes zustande (1 Tim 5,13). Irrlehrer sind solche, „die sich in die Häuser einschleichen und Beute machen unterm Weibervolk" (2 Tim 3,6). Sie „richten ganze Familien zugrunde"[128], weil sie um schnöden Gewinnes willen lehren, was nicht recht ist. Das erinnert an die Mahnung in 2 Joh 10: „Wenn einer zu euch kommt und nicht diese (rechte) Lehre bringt, nehmt ihn nicht ins Haus auf und sagt ihm keinen Gruß".

In 2 Tim 1,16–18 wird das Haus des Onesiphorus wegen seines persönlichen Einsatzes für den Apostel rühmend herausgestellt. In den Schlußgrüßen, die paulinischen Stil imitieren, heißt es: „Grüße Priska und Aquila und das Haus des Onesiphorus" (2 Tim 4,19). Möglicherweise schimmert eine authentische Nachricht über eine alte Hausgemeinde aus der Umgebung des Paulus durch.

Auch wenn sich in den Pastoralbriefen gegenüber Paulus manches gewandelt hat, bleibt doch festzuhalten, in welch großem Maße das christliche Haus in seinen sozialen und ideellen Dimensionen Selbstverständnis und Erscheinungsform der Gemeinde bestimmt. Metasprachlich ausgedrückt: die architektonische und die familiäre Hausmetaphorik stehen in einem Homologieverhältnis zur soziologischen Strukturierung des realen Lebensraums im Urchristentum.

[128] Tit 1,11: ὅλους οἴκους ἀνατρέπουσιν. Dazu eine hübsche Parallele bei Athen. 13 (560C): „es wurden schon ganze Familien (ὅλοι οἶκοι) zugrunde gerichtet (ἀνετράπησαν) durch Frauen".

III. Die Hauskirche in vorkonstantinischer Zeit

Die Zeit der großen Kirchenbauten setzt aus leicht einsichtigen Gründen erst nach der konstantinischen Wende ein, als das Christentum zur öffentlich anerkannten Religion wurde. Im 2. und 3. Jh. n. Chr. blieb zunächst das Privathaus der gegebene Versammlungsraum der christlichen Gemeinde[1], darin besteht eine Kontinuität zu den Hausgemeinden der Anfangszeit, an die man sich zurückerinnerte, wie wir anhand einiger legendarischer Überlieferungen sehen werden. Allerdings sind in dieser Periode verstärkt Prozesse im Gang, die endgültig von der Hausgemeinde wegführen und zum reinen Kirchengebäude überleiten. In den Quellen taucht gelegentlich der Begriff *domus ecclesiae* auf, was man frei mit Hauskirche wiedergeben kann. Genauer wäre: Gebäude oder Wohnanlage geräumigeren Zuschnitts, teils noch in Privatbesitz, teils schon kollektives Eigentum der Gemeinde, in denen es eigene gottesdienstliche Räume gab, die der profanen Nutzung entzogen waren, daneben Wohnungen für den Klerus und Räume für sonstige Gemeindevollzüge (Agapen z.B.). Selbst mit den ersten regelrechten Kirchenbauten vom Basilika- oder vom Wohnhaustyp müssen wir schon für die vorkonstantinische Zeit rechnen, wenn auch die Ausmaße dieser ersten Zweckbauten sicher noch bescheiden waren.

Die Entwicklung hat sich je nach örtlichen und zeitlichen Gegebenheiten unterschiedlich vollzogen. Es sind mannigfache Übergangsmöglichkeiten und Kombinationsformen denkbar, wenn auch wegen Mangel an zuverlässigen Quellen kaum belegbar. Perioden akuter Verfolgung durch die römischen Behörden hatten ihre eigenen Gesetze, weil dann die allgemein bekannten Versammlungsräume der Christen konfisziert wurden und man wirklich wieder in den Bereich der Familie zurückverwiesen war. Im folgenden sollen diese Vorgänge durch Zusammenstellung und Besprechung einiger Belege literarischer und archäologischer Art etwas aufgehellt werden. Vollständigkeit ist dabei nirgends angestrebt.

1. LITERARISCHE ZEUGNISSE

Beginnen wir mit den historisch wertvollen Märtyrerakten des christlichen Philosophen *Justin* (hingerichtet in Rom um 165 n. Chr.) und seiner

---

[1] Vgl. *W. Rordorf*, Gottesdiensträume 111: „die ersten drei Jahrhunderte sind die Zeit der Hauskirchen". Zum folgenden *A. Harnack*, Mission II, 611–618; *J.P. Kirsch*, Kultusgebäude 15–18.

Genossen. Der römische Präfekt Rusticus stellt Justin die Frage: „Wo kommt ihr zusammen (συνέρχεσθε)?", worauf dieser erwidert:

> Dort, wo ein jeder will und kann, auch wenn du sicher meinst, wir würden alle an demselben Ort (κατὰ αὐτό oder ἐπὶ τὸ αὐτό) zusammenkommen.[2]

Nachdem er seinen eigenen Wohnort in der Nähe eines bekannten römischen Bades lokalisiert hat[3], fährt er fort:

> Ich kenne keinen anderen Versammlungsort (συνέλευσιν) außer diesem. Und wenn jemand mich dort aufsuchen wollte, dann teilte ich ihm die Worte der Wahrheit mit.[4]

Daraus geht hervor, daß die Wohnung des Justin in Rom Zentrum einer offenen Gemeinde war, die sich um ihn sammelte, daß es daneben aber auch andere „Gemeindezentren" in der Stadt gab, nur daß Justin sie nicht aufsuchte. Von hier aus fällt auch Licht auf seine eigenen Schriften, wo er für die Zusammenkunft der Gemeinde das gleiche, schon bei Paulus und in der Apostelgeschichte belegte Vokabular verwendet:

> Am Tag, den man Sonntag nennt, findet eine Versammlung (συνέλευσις) an einem Ort (ἐπὶ τὸ αὐτό) statt...
> wir alle halten gemeinsam die Zusammenkunft (κοινῇ πάντες τὴν συνέλευσιν ποιούμεθα).[5]

Das setzt nach dem Ausweis der Akten keine Zentralversammlung der römischen Ortsgemeinde voraus, es kann ebensogut von der gottesdienstlichen Feier der Hausgemeinde in Justins Wohnung ausgesagt werden. Damit stehen wir in der Sache noch ganz nah beim neutestamentlichen Befund.

In den Bereich der Legende führen uns die beiden folgenden Belege. In der Passio der heiligen *Caecilia* äußert die Märtyrerin den Wunsch, ihr

---

[2] Mart Just 3,1 (16,6–8 oder 125,20–22 SQS NF 3 Knopf–Krüger). Eine Übersetzung bietet *G. Rauschen*, BKV 14.

[3] Hier geht die handschriftliche Überlieferung auseinander. Die älteste Textform hat: ἐπάνω τοῦ μυρτίνου βαλανείου (a.a.O. 125,24), was oberhalb (oder im Obergeschoß?) des Myrtenbades oder des obersten Bades bedeuten kann (vgl. Passow II/1, 301). Die spätere Fassung macht daraus τινὸς Μαρτίνου, „im Haus eines gewissen Martinus", und stellt daneben τοῦ Τιμωτίνου βαλανείου, oberhalb „der Timotheusthermen" (ebd. 16,13), die es im damaligen Rom tatsächlich gab.

[4] Mart Just 3,3 (16,14–16 und 126,1–3).

[5] Just., Apol 67,3.7 (75f Goodspeed).

Haus möge nach ihrem Martertod in eine Kirche umgewandelt werden.[6] In den *Akten* des *Nereus* (aus Röm 16,15) und des *Achilleus* findet sich der belangreiche Vergleich: Männer und Frauen aus der ganzen Stadt „kamen zum Glauben an Christus und ließen sich taufen, und es wurde das Haus, in dem sie weilten, gleichsam eine Kirche“[7].

In seinem Kommentar zum Philemonbrief stellt *Hieronymus* zu V. 22, wo Paulus um eine Unterkunft im Haus des Philemon bittet, aufschlußreiche Überlegungen an: Nicht dem Privatmann Paulus, sondern dem Apostel sei diese Unterkunft zu bereiten. Denn wenn er in eine neue Stadt kam, um den Gekreuzigten zu predigen und unerhörte Lehren zu verbreiten, war in Anbetracht des zu erwartenden Zustroms als erstes ein geeignetes Haus erforderlich, in bester Lage, für alle leicht erreichbar. Es mußte geräumig genug sein, auch für eine größere Zuhörerschaft, und es durfte nicht in der Nähe von Theatern oder anderen, noch anrüchigeren Etablissements liegen. Hieronymus zieht von da aus eine Verbindungslinie zu Apg 28,30f, der Wohnung des Paulus in Rom, die nach seiner Meinung diesen Ansprüchen gewachsen war.[8] Hier ist in reflektierter Weise noch eine Erinnerung an die urchristliche Hausmission lebendig, nur daß Hieronymus selbst den Ton auf die praktischen Erfordernisse der öffentlichen Missionspredigt legt.

Eine parallele Aussage macht gleichfalls im 4. Jh. n. Chr. *Amphilochius von Ikonium*, wenn er von den Aposteln auf ihren Missionsreisen schreibt:

> Sie gingen häufig in das Haus eines Griechen, denn wenn sie den Hausherrn zum Glauben an Gott bewegen konnten, machte der sofort sein Haus zu einer Kirche.[9]

---

6 PG 116, 180B.

7 Act Ner Achill 22 (22,5–9 TU XI/2 Achelis): καὶ γέγονεν ὁ οἶκος... καθάπερ ἐκκλησία.

8 PL 26, 616B: ... *apostolo magis quam Paulo hospitium praeparandum est. Venturus ad novam civitatem, praedicaturus Crucifixum, et inaudita dogmata delaturus, sciebat ad se plurimos concursuros; et necesse erat primum, ut domus in celebri esset urbis loco, ad quam facile conveniretur. Deinde, ut ab omni importunitate vacua: ut ampla, quae plurimos caperet audientium: ne proxima spectaculorum locis: ne turpi vicinia detestabilis: postremo ut in plano potius esset sita quam in coenaculo. Quam ob causam eum existimo etiam Romae in conducto mansisse biennium. Nec parva, ut reor, erat mansio, ad quam Judaeorum turbae quotidie confluebant.*

9 Bei *G. Ficker*, Amphilochiana I, Leipzig 1906, 56,3–8: εἰσερχόμενοι πολλάκις εἰς οἶκον Ἕλληνος, εἰ ἠδυνήθησαν πεῖσαι τὸν οἰκοδεσπότην πιστεῦσαι τῷ θεῷ εὐθὺς τὸν οἶκον ἐκκλησίαν ἐποίουν.

Der Nachsatz: „So geschah es auch in unserer Stadt durch Paulus im Haus des Onesiphorus", zeigt, woher dieses Wissen stammt: aus den Paulusakten, die teils in Ikonium spielen und die die Personaltraditionen der Pastoralbriefe weiter ausspinnen. In den Paulusakten lauten die Stellen, die man als Entsprechung ansehen kann:

> Als Paulus in das Haus des Onesiphorus einkehrte, herrschte dort große Freude. Man beugte die Knie, brach das Brot und hörte das Wort Gottes von der Enthaltsamkeit und von der Auferstehung.[10] ... so sprach Paulus inmitten der Gemeinde im Haus des Onesiphorus (ἐν μέσῳ τῆς ἐκκλησίας ἐν τῷ Ὀνησιφόρου οἴκῳ).[11]

In den Schlußparagraphen kehrt Thekla in das Haus des Onesiphorus zurück, „wo Paulus die Worte Gottes gelehrt hatte", und betet unter Tränen zum „Gott dieses Hauses, wo mir das Licht aufleuchtete"[12]. Nach dem *Martyrium Pauli* hingegen mietet der Apostel für die öffentliche Missionspredigt in der Nähe Roms eine Scheune.[13] Dieses Nebeneinander von christlichem Leben im Haus und allgemeiner Bekehrungspredigt erinnert etwas an die ansatzhafte diesbezügliche Differenzierung in der Apostelgeschichte des Lukas.

Hier wären all die Stellen aus den *apokryphen Apostelakten* einzubringen, wo die Apostel in einem Privathaus predigen, beten, taufen und Mahl halten. Der Apostel Johannes predigt im Haus des Lykomedes in Ephesus einer großen Volksmenge[14] und will dort für die alten Frauen der Stadt karitativ tätig werden[15]. Im Haus des Andronikus, ebenfalls in Ephesus, vollzieht er Predigt, Gebet, Eucharistie und Handauflegung.[16] Dort dürfte im Sinn des Autors auch der letzte Gottesdienst des Apostels vor seinem Tod mit Abschiedsrede und eucharistischem Mahl anzusetzen sein (Act Joh 106–110).

Das strukturierende Moment der *Thomasakten* sind mehrere große Bekehrungsberichte, die jeweils in Taufakt, Ölsalbung und Eucharistie mit Brot und Wasser auslaufen. Was den Ort dieses Vorgangs angeht,

---

[10] Act Pl Thecl 5 (I, 238,9–11 Lipsius–Bonnet). Übersetzungen in NTApo[4] II.

[11] Ebd. 7 (I, 240,6f).

[12] Ebd. 42 (I, 268,4): θεός μου καὶ τοῦ οἴκου τούτου. Weitere Hausszenen der Paulusakten im PHeid S. 3 und S. 6f (NTApo[4] II, 256.262.263).

[13] Mart Pl 1 (I, 104,4): ἔξω Ῥώμης ὅρριον μισθώσασθαι. Man beachte die Fortsetzung: dort kam zu ihm πολὺ πλῆθος ἐκ τῆς Καίσαρος οἰκίας (Phil 4,22!).

[14] Act Joh 26 (II/1, 165,4–8).

[15] Ebd. 30 (II/1, 167,8–10).

[16] Ebd. 46 (II/1, 173,16–23). Vgl. 62 (II/1, 181,15–17).

drückt sich der Erzähler in der Regel nicht sehr deutlich aus, er hat daran kein herausragendes Interesse. Ein Haus ist in der Mehrzahl der Fälle stillschweigend vorausgesetzt, an einigen Stellen wird es ausdrücklich genannt. So heißt es in Kapitel 65: „Es befahl der Apostel seinem Diener Xenophon, alle an einem Ort zusammenzubringen. Als aber die ganze Menge versammelt war, begann er zu sprechen ...“[17]. Später stellt sich heraus, daß es sich um das Haus des Kriegsobersten Sifor handelt, in dem mehrere Episoden spielen.[18] Sifor richtet dem Apostel sogar ein Triklinum (Raum mit drei Liegen) her als Lokal für seine Lehrtätigkeit.[19] Als Stätten des Vollzugs der Initiation werden ferner erwähnt: das Haus des Charis, wo sich dessen Frau Mygdonia bekehrt[20], und das Haus des Königssohns Vazan, wo die Familie und dic Besucher zum Glauben kommen.[21]
Da gerade die *Johannesakten* und die *Thomasakten* unverkennbar gnostisch beeinflußt sind, wird man diesem Befund entnehmen, daß auch das Gemeinschaftsleben der gnostischen Konventikel, soweit man von einem solchen sprechen kann, sich in Privathäusern abspielte. Man wird sogar noch weiter gehen: gerade sie haben die Entwicklung zum Kultgebäude nicht mitgemacht und sich bewußt auf das Wohnhaus beschränkt. Leider geben die gnostischen Schriften sonst zu dieser Frage kaum etwas her. In den gnostischen Evangelien fehlt weithin die erzählerische Rahmung, die allein Auskunft über den Ort des Geschehens geben könnte. In anderen Traktaten dominieren Mythologie, Kosmologie und gnostische Theologie derart, daß man vergeblich nach Auskünften über den praktischen Glaubensvollzug der Gnostiker sucht.
Historische Treue ist von diesen Angaben in den apokryphen Apostelakten nicht zu erwarten, ebensowenig von zwei Notizen in den romanhaften *Pseudoklementinen*: In Antiochien läßt der mächtige und einflußreiche Theophilus sein Haus zu einer Kirche weihen. Dort errichtet das gläubige Volk dem Petrus eine Cathedra und versammelt sich täglich in großer Zahl, um seinen Worten zu lauschen.[22] In Tripolis sucht Petrus

---

[17] Act Thom 65 (II/2, 182,10–13).

[18] Act Thom 81 (II/2, 197,9f); 105 (II/2, 217,18f).

[19] Ebd. 131 (II/2, 238,22–24). Vgl. 138 (II/2, 245,1f): „Und sie gingen beide in das Haus des Kriegsobersten Sifor. Und sie fanden Judas dort sitzen und lehren.“

[20] Vgl. ebd. 119–121 mit 129 (II/2, 237,9ff).

[21] Ebd. 155 (II/2, 264,3.14).

[22] Ps.-Clem., Recgn 10,71,2 (371,2–6 GCS 51 Rehm): ... *Theofilus, qui erat cunctis potentibus in civitate sublimior, domus suae ingentem basilicam ecclesiae nomine consecraret, in qua Petro apostolo constituta est ab omni populo cathedra, et omnis multitudo cotidie ad audiendem verbum conveniens.*

nach einem Ort, wo er predigen und disputieren kann. Da kommt ihm Maro zu Hilfe, der ihm sein geräumiges Haus mit einem noch größeren, innen gelegenen Garten anbietet. Petrus schaut sich Haus und Garten an. Während die Menge bereits hereindrängt, entscheidet er sich, dort zu bleiben und zu lehren.[23]

Solche Angaben behalten trotz ihrer historischen Fragwürdigkeit ihren Wert. Der Imaginationskraft eines Autors sind Grenzen gesetzt. Das, was man sich vorstellen und ausmalen kann, muß feste Anhaltspunkte in bestehenden Verhältnissen und realen Erfahrungen haben. Hätte es nicht tatsächlich Hausgemeinden und Hauskirchen gegeben, wäre es zu diesen Erzählungen in den Pseudoklementinen gar nicht erst gekommen.

In der unter dem Namen Lukians gehenden Schrift *Philopatris* gerät ein Heide in eine Gemeindeversammlung im Haus eines reichen Christen. Im Text heißt es übertreibend: „in einen vergoldeten Raum" (23: εἰς χρυσόφορον οἶκον). Ob sich diese Stelle für unsere Zwecke auswerten läßt, muß angesichts der sehr unsicheren Datierung und Autorschaft dieser Schrift zweifelhaft bleiben.[24] Sicher von Belang ist hingegen der Einwurf eines heidnischen Gegners des Christentums (*Porphyrius?*):

> Aber auch die Christen ahmen den Bau der Tempel nach und bauen gewaltige Gebäude (μεγίστους οἴκους), in denen sie zum Gebet zusammenkommen,
> wiewohl sie das ungehindert in den Häusern (ἐν ταῖς οἰκίαις) tun könnten,
> da ja der Herr bekanntermaßen von überall her hört.[25]

In diesem etwas unerwarteten Vorwurf spiegelt sich der vollzogene Übergang zum reinen Kirchenbau, der aus inneren und äußeren Gründen unausweichlich war. Wie weit die Anfänge dieser Entwicklung zurückreichen, zeigt eine Bedeutungserweiterung an, die das Wort ἐκκλησία um 200 n. Chr. erfahren hat. Zwar schärft *Hippolyt* noch ein:

> Denn nicht ein Ort wird die Kirche genannt, auch nicht ein Haus von Stein noch Lehm erbaut...

---

[23] Ebd. 4,6,1–3 (149,15–25): ...*et Maro ait: est mihi aedes amplissima, quae plus quam quingentos recipiat viros, est et hortus intra domum ... et subito omnis multitudo quasi ab aliquo evocata, cum festinatione ingressa est domum atque inde ad hortum prorupit, ubi iam stabat Petrus, considerans quis esset aptus ad disputandum locus.*

[24] Vgl. *E. von Dobschütz*, RE³ XV, 363–365.

[25] Bei Macar. Magn., Apocr 4,21 (88,19–23 TU 37/4 Harnack)

> Was ist nun die Kirche? Die heilige Versammlung der in Gerechtigkeit Lebenden...
> dies ist die Kirche, das geistliche Haus Gottes.[26]

Des ungeachtet wird zur gleichen Zeit ἐκκλησία von der aktuellen Gemeindeversammlung und der Gemeinde oder Kirche als ideeller Größe auf den gottesdienstlichen Bau übertragen. Das bestätigt indirekt *Clemens von Alexandrien*, wenn er ausführt:

> Wenn aber der Begriff „das Heilige" in zweierlei Bedeutung gebraucht wird, von Gott selbst und von dem zu seiner Ehre errichteten Bauwerk, wie sollten wir da nicht in vollem Sinn die Kirche (ἐκκλησίαν), die zur Ehre Gottes auf Grund voller Erkenntnis heilig geworden ist, ein Heiligtum Gottes nennen... ich nenne hier nicht den Raum (τόπον), sondern die Gemeinschaft der Auserwählten „Kirche".[27]

Ob man daraus eine direkte Polemik des Clemens gegen die sich anbahnende Bedeutungsverlagerung entnehmen soll[28], erscheint einigermaßen fraglich. Solche Gedankengänge bleiben auch in Zukunft vor allem dort akut, wo es, wie bei Clemens, um einen Angriff auf das Heidentum geht, das die Gottheit in Tempel und Bildwerke bannen will, oder, wie bei Hippolyt, um eine Abgrenzung gegen Stiftshütte und Tempel des Alten Bundes.

Dem gleichen Sachverhalt begegnen wir bei *Laktanz*, der einerseits dem Tempel Salomos die *ecclesia* entgegensetzt, die nicht aus Mauern von Menschenhand besteht, sondern nur in den Herzen der Gläubigen existiert.[29] Dennoch hat er keinerlei Bedenken, vom Kirchengebäude zu sprechen. In Nikomedia in Bithynien rückt in Anwesenheit des Diokletian und des Galerius der Präfekt mit Offizieren und Soldaten der Prätorianergarde zur Kirche vor (*ad ecclesiam*), bricht sie auf, gibt sie zur Plünderung frei und läßt sie dem Erdboden gleich machen. Die beiden Kaiser sehen vom Palast aus der Zerstörung der hochgelegenen Kirche (*in alto enim constituta ecclesia*) zu.[30]

An anderer Stelle lesen wir bei Laktanz statt dessen von den *conventicula*

---

26 In Dan 1,17,6–8 (28,20–26 GCS 1 Bonwetsch).

27 Strom 7,29,3f (21,20–26 GCS 54 Stählin). Übersetzung von *O. Stählin*, BKV II/20.

28 So *F.W. Deichmann*, Tempel 56f.

29 Div Inst 4,13,26 (324,5–10 CSEL 19 Brandt).

30 Mort Persec 12,2–5 (186,16ff CSEL 27 Brandt).

der Christen, die der Zerstörung anheimfallen[31], und von den *loca, ad quae antea convenire consuerant*, die ihnen wiedergegeben werden sollen[32]. Nach einem anderen Bericht aus der Zeit der diokletianischen Verfolgung begibt sich der Statthalter *ad domum, in qua christiani conveniebant.*[33]

Gewisse Schwankungen und Unsicherheiten im Sprachgebrauch können nicht verwundern. Sie sind ja heute noch gegeben, wenn wir von Kirche sprechen, und werden oft genug homiletisch ausgenutzt. Bei *Eusebius*, der diese Zeugenreihe abschließen soll, stehen die verschiedenen Termini mit ihren Bedeutungsvarianten auf engem Raum nebeneinander. In Antiochien streiten sich Paulus und Domnus um die Bischofswürde und um das „Haus der Kirche", in dem Paulus seine Wohnung aufgeschlagen hat und das er nicht räumen will; der Kaiser muß eingreifen.[34] In Verfolgungszeiten wurden die „Bethäuser" der Christen niedergerissen.[35]

Die Toleranzedikte der Kaiser, die Eusebius referiert, enthalten die Anweisung, die Häuser der Christen zurückzugeben oder wieder aufzubauen. In dem Zusammenhang gibt Eusebius *conventiculum* bei Laktanz mit τοὺς οἴκους ἐν οἷς συνήγοντο wieder.[36] In einer eigenen Rahmenbemerkung setzt er selbst dafür jedoch ἐκκλησία.[37] An einer programmatischen Stelle zu Beginn des achten Buches wird er am deutlichsten:

> Dazu konnte man sehen, welch freundlicher Aufnahme sich die Leiter der einzelnen Kirchen (τοὺς καθ' ἑκάστην ἐκκλησίαν ἄρχοντας) ... erfreuten. Wer gar vermochte zu schildern jene tausendköpfigen Versammlungen und die Mengen derer, die Stadt für Stadt zusammentraten, und die herrlichen Zusammenkünfte in den Bethäusern (ἐν τοῖς προσευκτηρίοις). Da sie infolge hiervon an den alten Gebäuden (τοῖς πάλαι οἰκοδομήμασιν) nicht mehr genug hatten, erbaute man in allen Städten ganz neue und geräumige Kirchen (ἐκκλησίας).[38]

---

31 Ebd. 15,7 (189,8).

32 Ebd. 48,7 (231,9f). Vgl. 34,4 (213,14f).

33 Gesta apud Zenophilum (186,20 CSEL 26 Ziwsa). Vgl. *F.J. Dölger*, Kirche 164f.

34 Hist Eccl 7,30,19 (714,4 GCS 9 Schwartz): τοῦ τῆς ἐκκλησίας οἴκου. Vgl. οἶκον in Zeile 6.

35 Ebd. 8,2,1 (740,17): προσευκτηρίων τοὺς οἴκους.

36 Ebd. 8,17,9 (794,16). Vgl. 9,10,10 (844,13).

37 Ebd. 8,17,1 (790,16f).

38 Ebd. 8,1,5 (736,22 – 738,6). Übersetzung teils nach *P. Haeuser*, München 1967.

Am Anfang des Abschnitts meint ἐκκλησία die Einzelgemeinde, am Schluß den Kirchenbau. „Versammlung", „Zusammenkunft", „Bethaus" und „Gebäude" leiten von einem zum anderen über.

312 n. Chr. weiht Eusebius zum ersten Mal als Bischof eine Kirche in Tyrus ein.[39] In seiner Predigt, die sich reichlich alttestamentlicher und heidnischer Tempelsymbolik bedient, preist er als Mitte des Baues den allerheiligsten Opferaltar[40]. Parallel dem Übergang vom Privathaus zum Kultusgebäude hat sich im gleichen Zeitraum eine weitere Entwicklung vollzogen, die vom Eß- und Familientisch, um den sich die Hausgemeinde zum Herrenmahl versammelt, zum sakralen, dem Priester vorbehaltenen Opferaltar führt.[41] Auf weitere Etappen und Komponenten dieses Vorgangs (Einbezug des Märtyrergrabs z. B.) können wir hier nicht eingehen. Einen konsequenten Schlußpunkt setzt die Synode von Laodizea, die zwischen 360 und 370 n. Chr. die häusliche Eucharistiefeier untersagt: „es darf nicht mehr von Bischöfen und Presbytern in den Häusern das Opfer abgehalten werden"[42].

2. ARCHÄOLOGISCHE ZEUGNISSE

Noch schlechter als um die literarischen Quellen ist es um das archäologische Belegmaterial bestellt. Das hängt nicht zuletzt damit zusammen, daß Hauskirchen in Verfolgungszeiten in besonderem Maße von Zerstörung bedroht waren und daß sie, wo sie für die Erfordernisse der Gemeinden nicht mehr ausreichten, entweder aufgegeben oder baulich stark verändert wurden. Dennoch, was vorhanden ist, reicht aus, um im Verein mit den schriftlichen Zeugnissen die Existenz von Hauskirchen abzusichern.

Im *Liber Pontificalis* werden 25 römische Titelkirchen aufgezählt. Das Wort *titulus*, das ihre Sonderstellung anzeigt, ist abgeleitet von der Namensinschrift des Besitzers über der Eingangstür. Es weist in jene Zeit zurück, als die Versammlungsstätten der römischen Christen noch mit dem Namen ihres früheren Eigentümers benannt wurden, der für Gemeindezwecke ein größeres Privathaus gestiftet hatte.[43] Sicher können nicht alle Titelkirchen auf ein derart hohes Alter Anspruch erheben. Daß

---

[39] So *F.W. Deichmann*, Tempel 58. Ich frage mich allerdings, ob das aus Hist Eccl 10,3f so klar hervorgeht.

[40] Hist Eccl 10,4,44 (875,25f): τὸ τῶν ἁγίων ἅγιον θυσιαστήριον ἐν μέσῳ.

[41] Vgl. *F. Wieland*, Mensa 155f.

[42] Kanon 58 (Mansi II, 574C): ὅτι οὐ δεῖ ἐν τοῖς οἴκοις προσφορὰς γίνεσθαι παρὰ ἐπισκόπων ἢ πρεσβυτέρων.

[43] Vgl. *J. P. Kirsch*, Titelkirchen 3f.

San Clemente über der Stelle erbaut sei, an der das Haus des Klemens von Rom stand, wird man als fromme Legende ansehen. Die Hausreste aus vorkonstantinischer Zeit, die man unter der Kirche gefunden hat, besagen zunächst noch nicht viel. Rom war dicht besiedelt, einer neuen Kirche mußten fast notwendig ältere Gebäude weichen. Ein zusätzliches Problem bildet das Mithräum von San Clemente, das unmittelbar oder durch eine schmale Straße getrennt an die Hauskirche angegrenzt hätte (CIMRM 338).

Anders liegen die Dinge im Fall von SS. Giovanni e Paolo, dem alten Titulus Byzantis. Hier läßt sich unter der Kirche nicht nur zweifelsfrei ein typisch römisches Wohnhaus nachweisen, mit Geschäftsräumen im Erdgeschoß und Wohnräumen im oberen Stockwerk. Darüber hinaus steht auch fest, daß schon dieses Wohnhaus als Gemeindezentrum benutzt wurde. Beweis sind die christlichen Wandmalereien und kleinere bauliche Eingriffe, die liturgischen Zwecken dienten. Von hier aus wird man auch im Fall von SS. Silvestro e Martino ai Monti (Titulus Equitii) und von S. Anastasia den vergleichbaren archäologischen Befund recht günstig beurteilen und als Beleg für Hauskirchen werten.[44]

Wir machen einen Sprung nach Palästina. Die Ausgräber von Kapharnaum nehmen an, daß dort das Haus des Petrus zunächst in eine Hauskirche verwandelt wurde, ehe man darüber in frühbyzantinischer Zeit jenen achteckigen Kirchenbau errichtete, dessen Reste heute noch zu sehen sind.[45] Dazu ist die vermutlich von der Pilgerin Egeria stammende Nachricht zu vergleichen:

> In Kapharnaum aber hat man aus dem Haus des Apostelfürsten eine Kirche gemacht. Die Mauern stehen bis heute so, wie sie gewesen sind.[46]

In Amwas (Emmaus) könnte eine Basilika über einem villenartigen Wohnhaus römischen Stils errichtet sein[47], aber hier sind Sachverhalt und Datierung um einiges strittiger.

---

[44] Zum Ganzen *J. M. Petersen*, House-Churches 267–272; *J. P. Kirsch*, Titelkirchen 21.26–29.39f.42–44. Die weiteren Beispiele bei Kirsch 54.61.65.73f. 95–97.115f müßten jeweils geprüft werden. Zu skeptisch *C. H. Kraeling*, Building 129–134.

[45] *V. C. Corbo*, Cafarnao I, 26–106.

[46] Bei Petr. Diac., Lib Loc Sanct, als Bedae 16,2 (= 98,7–10 CChr.SL 175 Franceschini-Weber): *In Capharnaum autem ex domo apostolorum principis ecclesia facta est, qui parietes usque hodie ita stant, sicut fuerunt.*

[47] Vgl. *J. P. Kirsch*, Kultusgebäude 23–28.

Auch nach Konstantin hat sich nicht an allen Stellen gleichzeitig die Basilika durchgesetzt. *Klaus Gamber* weist nach, daß bis Anfang des 5. Jh. n. Chr. im Alpen- und Donauraum die *domus ecclesia* weiterbestand, Kirchen vom Wohnhaustyp also, die teils auf frühere Wohnanlagen zurückgehen. Er bespricht neben anderem Beispiele aus Aquileja, Budapest, Lorenzberg, Lorch, Zillis und Stribach.[48] Die Hauskirche von Zurzach in der Schweiz (um 400 n. Chr.), die sich über den Fundamenten einer römischen Landvilla erhebt, mißt in ihrem trapezförmigen Hauptraum 9,1–9,9 × 11,0–11,4 m[49], ist flächenmäßig somit nur wenig größer als die Hauskirche von Dura-Europos.

Diese berühmteste aller Hauskirchen wurde erst 1932 bei Ausgrabungen in Dura-Europos, einer römischen Garnisonsstadt und Grenzfestung am mittleren Euphrat, wiederentdeckt.[50] Sie ist nichts anderes als ein geräumiges Privathaus, das man durch wenige Eingriffe für seine neuen Aufgaben adaptierte. Der Hauptwohnraum wurde durch Niederreißen einer Trennwand so erweitert (auf ca. 5,15 × 12,65 m), daß er Platz für etwa 60 bis 70 auf Matten gelagerte Personen bot. Im Hof mauerte man – ein pittoreskes Detail – die Latrinengrube zu, zog neue Bänke ringsum ein und schuf so weitere Sitzgelegenheiten. Vor allem aber hat man einen kleineren Raum durch Anbringen eines Taufbeckens und durch Wandmalereien mit biblischen Motiven zum Baptisterium ausgestaltet. *Lietzmann* meinte zwar, das Becken sei für den Täufling zu klein, es handle sich um ein Märtyrergrab, wo die Eucharistiefeier im kleinen Kreis stattfand, während der Hauptraum nur für Predigt und Versammlung diente[51], fand damit aber nicht viel Anklang. Man hat bei den Ausgrabungen keine Spur von Knochen oder sonstigen Reliquien gefunden, was nicht gerade für Lietzmanns These spricht.[52] Wieviel Platz ein Täufling braucht, ist zum Teil eine Geschmacksfrage. Ob in Dura-Europos noch völliges Untertauchen praktiziert wurde, kann man anzweifeln. Die Malereien in der Taufkapelle sind im übrigen die einzigen christlichen im ganzen Gebäude. Im Versammlungsraum sind Reste von dionysischen Fresken stehengeblieben.

---

[48] Domus Ecclesiae 33–62.

[49] Ebd. 54–56.

[50] Maßgebend für das Folgende ist *C. H. Kraeling*, Building. Dort S. 4 und im Tafelteil die besten Grundrisse.

[51] Rez. Excavations 234.

[52] Vgl. jetzt *C. Hopkins*, Discovery 91. Hopkins leitete zur Zeit der Entdeckung die Ausgrabungen.

Das Privathaus wurde 232/33 n. Chr. auf älteren Fundamenten neu errichtet, und zwar als reine Wohnanlage. Der christliche Umbau dürfte aus den Jahren zwischen 240 und 245 n. Chr. stammen.[53] Da 256 n. Chr. die Sassaniden die Stadt eroberten und zerstörten, haben die neuen Räume nur wenige Jahre ihren Zweck erfüllt. Zu ihrer Erhaltung trug ironischerweise wesentlich die Tatsache bei, daß sie wie alle Gebäude längs der angrenzenden Stadtmauer ein Erdwall, der die Mauer im letzten Abwehrkampf verstärken sollte, unter sich begrub. Das Anwachsen der Christengemeinde, das sich in der Kirchenanlage dokumentiert, könnte damit zusammenhängen, daß eine Verstärkung der römischen Garnison angesichts der militärischen Bedrohung neue Gläubige nach Dura brachte.

Ob der Erstbesitzer sich selbst zum Christentum bekehrte oder ob er sein Haus den Christen verkaufte, wissen wir nicht, obwohl ersteres plausibler erscheint. Es steht somit auch nicht fest, ob das Haus die christliche Gemeinde schon vor dem Umbau beherbergte, als es noch ein reines Wohnhaus war.[54] Aber auch hier hat die Annahme einer kontinuierlichen Weiterentwicklung die höhere Wahrscheinlichkeit für sich. Daß nach dem Umbau noch eine Familie das Haus bewohnte, ist nahezu auszuschließen.[55] Wir stehen an einem Übergang, vom bewohnten Privathaus, das zugleich Versammlungsstätte der Christen war, zum reinen Kirchengebäude, das seine Herkunft aus dem Wohnhaus aber nicht verleugnet.

An derselben Straße wie die Hauskirche, nur zwei Häuserblocks entfernt, liegt die jüdische Synagoge. Auch sie ist in zwei Etappen aus einem Privathaus erwachsen.[56] Wiederum einige hundert Meter weiter stoßen wir auf ein Haus mit einem Mithrasheiligtum (CIMRM 34). Über das Stadtgebiet verteilt finden sich ein gutes Dutzend, wenn nicht mehr heidnischer Tempel, die orientalischen, griechischen und römischen Göttern geweiht waren. Interessanterweise läßt sich auch für das Heiligtum des Lokalgotts Gad von Dura die Baugeschichte bis auf ein ursprüngliches Wohnhaus zurückverfolgen.[57]

---

[53] Diese Angaben nach *C. H. Kraeling*, Building 34–39. Anders *A. von Gerkan*, Kirchenanlage 226f; *E. Dinkler*, RGG³ II, 290.

[54] *A. von Gerkan*, Hauskirche 146, setzt christliche Benutzung schon für 175 n. Chr. an, was sehr fraglich erscheint.

[55] *W. Rordorf*, Gottesdiensträume 118 Anm. 31, überlegt, ob der Besitzer weiterhin im Obergeschoß gewohnt habe. Aber es gab wahrscheinlich nur ein Dach, das im Sommer als Aufenthalt diente.

[56] Vgl. *C. H. Kraeling*, Synagogue 3–33; *C. Hopkins*, Discovery 126–136.

[57] *C. Hopkins*, Discovery 219: „The structure, which had begun as a typical well-to-do Durene house built around a court, had developed in four stages."

Die Hauskirche, in sich schon überaus faszinierend, neben der Haussynagoge und dem Mithräum inmitten einer bunten Vielzahl heidnischer Kultstätten – diese symbolträchtige Situation bietet uns einen augenfälligen Anstoß dafür, in einem weiteren Schritt nach Analogien für Hausgemeinde und Hauskirche in der Umwelt des Urchristentums Ausschau zu halten.

IV. Religionsgeschichtliche Analogien

1. DIE HEIDNISCHE UMWELT

1.1 Der Hauskult

An erster Stelle ist die große Bedeutung des Hauskults im Gefüge der griechisch-römischen Religion zu bedenken, die in manchem dem sozialen Stellenwert der Hausgemeinschaft als elementarer Wirtschaftsform[1] entspricht. Setzen wir an den Anfang einen Abschnitt aus *Ciceros* Rede *„De domo sua"*, denn „es gibt in der antiken Literatur keine eindringlichere, keine präzisere Paraphrase der Religiösität des antiken Hauses"[2]:

> *Quid est sanctius, quid omni religione munitius*
> *quam domus uniuscuiusque civium?*
> *hic arae sunt, hic foci, hic di penates,*
> *hic sacra, religiones, caerimoniae continentur;*
> *hoc perfugium est ita sanctum omnibus,*
> *ut inde abripi neminem fas sit* (Dom 41, 109).
>
> Was ist heiliger, was durch jede Religionsübung besser gesichert als das Haus eines jeden einzelnen Bürgers?
> Hier sind der Altar, hier der Herd, hier die Familiengötter,
> hier sind Heiligtum, Gottesdienst und aller Kult vereint.
> Dieser Zufluchtsort ist aller Welt so heilig,
> daß es für Frevel gilt, jemanden von dort wegzureißen.

Aristoteles (Rep Athen 55,2) und *Platon* (Leg 729C) sprechen mit Hochachtung von den Göttern der Familie und der Sippe. *Plutarch* erwähnt die Familienriten, die man ebenso wie das Familiengrab mit dem Bruder teilt.[3] Zwar stellt *Platon* selbst andernorts ein Verbot häuslicher Kulte auf: „Kein einziger soll in seinem Haus geweihte Stätten haben; wer opfern will, gehe zu den öffentlichen Tempeln" (Leg 909E; vgl. 910B). Er

---

[1] Vgl. *O. Brunner*, Haus 107: „Das Haus, die Wirtschaft, ist das grundlegende Sozialgebilde aller bäuerlichen und bäuerlich-adeligen Kulturen"; den Abschnitt über die archaische Großfamilie bei *R. von Pöhlmann*, Geschichte I, 12–15; oben Abschnitt I Anm. 16.

[2] *D. Wachsmuth*, Aspekte 43. Vgl. zu Rom mit weiteren Belegen *K. Latte*, Religionsgeschichte 89–94.108–111; *F. Bömer*, Ahnenkult 123–139.

[3] Frat Amor 7 (481D).

begründet das mit dem Aberglauben der Frauen und der Notleidenden, dem sonst Vorschub geleistet wird, und mit dem Mißbrauch, den Gottesfrevler treiben können. Aber die religiöse Wirklichkeit hat sich hier so wenig wie sonst an seinen Utopien orientiert.

Zu den Göttern des Hauses zählen Hestia, die Göttin des Herdes (Diod. 5,68,1), Zeus Herkaios (Paus. 5,14,7), der seinen Namen von der Umzäunung oder Vorratskammer hat, und Zeus Ktesios, der den Besitz hütet[4]. Hausheiligtümer und Hauskulte sind schon für die minoische und mykenische Religion nachgewiesen.[5] In Pompei und Herculaneum hat man in zahlreichen Häusern „Haushalts-Schreine“, Wandnischen, kleine Kapellen und Altäre gefunden, die den Laren geweiht waren.[6]

Eine besondere Verdichtung erfährt das häusliche Brauchtum beim täglichen Mahl. Von allem, was auf den Tisch kommt, gehört ein kleines Stück den Göttern[7]: Plutarch „nannte dies zu Recht ein einfaches tägliches Opfern, wenn wir alles, was wir essen wollen, heilig machen, indem wir etwas davon darbringen“[8]. Den römischen Penaten wird auf einer *patella* eine Opfergabe vorgesetzt.[9] Was vom Tisch fällt, ist für die Toten bestimmt und wird ins Feuer geworfen.[10] „Einst war es Brauch bei uns, vorm Herd zu sitzen auf langen Bänken, im Glauben, zum Mahl träten die Götter herbei“, schreibt *Ovid*.[11] Bei den Griechen stehen am Ende des Mahles und am Anfang des Symposiums Trankspenden, die unter anderem dem Agathos Daimon gelten, dem guten Geist des Hauses.[12] Den Tisch des Gastmahls nennt *Plutarch* einen „Altar der Götter der Freundschaft und der Gastlichkeit“; ihn wegzunehmen kommt der Auflösung des Haushalts (οἴκου διάλυσις) gleich.[13]

Weitere Anlässe für häusliche Riten ergeben sich aus dem Jahreskreislauf

---

4 Athen. 11 (473B). Vgl. mit weiteren Stellen *M. P. Nilsson*, Geschichte I, 402–406; II, 187–195.213–218.

5 Vgl. *W. Burkert*, Religion 62–67; *D. Wachsmuth*, Aspekte 55–61.

6 Vgl. *D. G. Orr*, Religion 1575–1587. Für Griechenland *M. P. Nilsson*, Hausaltäre 265–270.

7 Porphyr., Abst 2,20 (149,20–150,3 Nauck), nach Theophrast. Vgl. *M. P. Nilsson*, Domestic Cults 271f.

8 Plut. Fr. 95 Sandbach. Auch bei Mählern im heidnischen Raum gab es also einen Dankritus, vgl. auch Epict., Diss 2,23,5.

9 Cic., Fin 2,22; Horat., Carm 3,23,19f.

10 Aristoph. Fr. 305 Kock; Plin., Hist Nat 28,27; Athen. 10 (427E).

11 Fast 6,305f: *ante focos olim scamnis considere longis mos erat et mensae credere adesse deos.*

12 Eur., Ion 1032f; Athen. 15 (675B); Philochorus FGH 328 F 5a.

13 Sept Sap Conv 15 (158C).

und aus dem Generationswechsel. Sie begleiten Geburt, Jahrestage, *rites de passage*, Hochzeit und Tod.[14] Nach Athenäus waren die alten Köche gleichzeitig Spezialisten fürs familiäre Opferwesen, was zum Beispiel bei der Feier einer Hochzeit wichtig wurde.[15] Im Haus fanden Totenmähler und Totengedächtnismähler statt.[16]
Der antike Hauskult wird meist unterschätzt, da er wegen seiner Selbstverständlichkeit und Privatheit in den Quellen schlecht dokumentiert ist, obwohl er das tägliche Leben der Menschen stärker bestimmte als jede öffentliche Zeremonie. Gerade der römische Hauskult, in dem der Hausvater selbständig, ohne äußere Reglementierung als religiöses Oberhaupt waltete, erwies sich im Gegensatz zum Staatskult als sehr stabil und überlebte dessen Zusammenbruch um ein beträchtliches.[17]

1.2 Die Privatkulte

Den Übergang von der Hausfrömmigkeit zur Staatsreligion bilden die Privatkulte, die sich in Häusern abspielen, aber nicht auf eine Familie beschränkt sind, sondern Gemeinden um sich sammeln. Die Bewohner von Chaironeia verehren als besonderes Heiligtum das Zepter des Zeus. Es gibt dafür keinen öffentlichen Tempel, sondern der jeweilige Priester bewahrt es für ein Jahr in seinem Haus auf. „Jeden Tag werden ihm Opfer dargebracht, und an seiner Seite steht ein Tisch voll Fleisch und verschiedenem Gebäck" (Paus. 9,40,12).
Aufschlußreich sind hier die Sakralinschriften, die *Sokolowski* neu gesammelt hat. Besprochen wurde in der Literatur schon öfter der Privatkult von Philadelphia in Lydien aus dem 1. Jh. v. Chr.[18] Der Stifter stattet ein Haus (οἶκος in Zeile 23 u. ö.) mit Bildern und Altären jener Götter aus, die wie Hestia, Plutos und der Agathos Daimon „das Haus und das Leben des Menschen schützen"[19], weiht es der Agdistis, die im Attismythos eine Rolle spielt, und erläßt für die neu zu gründende Kultgemeinde ein Kultgesetz. Der Zutritt zum Kultlokal (Zeile 15 und 32: εἰς τὸν οἶκον)

---

[14] Vgl. *D. P. Harmon*, Festivals 1596–1603; *H. J. Rose*, Religion 110–116.

[15] Athen. 14 (659D): θυτικῆς ἦσαν ἔμπειροι οἱ παλαίτεροι μάγειροι· προΐσταντο γοῦν καὶ γάμων καὶ θυσιῶν.

[16] Demosth., Or 18,288; Hegesipp. Fr. 1 Kock (III, 312); Petron., Sat 65,11; Apul., Flor 19,5.

[17] Vgl. *M. P. Nilsson*, Domestic Cults 284f; *D. Wachsmuth*, Aspekte 50.

[18] SIG^3 985 = LSAM 20.

[19] *M. P. Nilsson*, Geschichte II, 291. Im Text Zeile 6–11. Besprochen bei *O. Weinreich*, Stiftung 8–54.

steht prinzipiell jedem offen, Männern und Frauen, Freien und Sklaven, wird aber an strenge moralische Forderungen geknüpft: keine Giftmischerei, keine Zauberei, weder Abtreibung noch Verhütung, keine Päderastie, kein Ehebruch, mit der Ausnahme: Männern ist der Umgang mit einer unverheirateten Sklavin oder einer nicht mehr jungfräulichen ledigen Freien erlaubt (Zeile 12–50).

Es gibt weitere Beispiele. Die Phratrie (Familienverband) der Clytiden beschließt laut einer Inschrift von etwa 335 v. Chr., ihre Statuen und Kultgegenstände aus den Privathäusern, wo sie bislang verwahrt wurden, in ein Gemeinschaftshaus zu überführen und dort zu belassen. Auch die gemeinsamen Feiern werden fortan dort abgehalten.[20]

1.3 Das Vereinswesen

Die ältesten Vereinsgründungen Athens, die Orgeones (Opfergenossen), sind als Privatkulte organisiert.[21] Die Opfergenossen eines sonst unbekannten Heros Egretes in Athen besitzen ein Gelände, das sie einem Pächter für profane Zwecke überlassen, mit der Auflage, das Haus, wo ein Raum für die kultischen Zusammenkünfte vorgesehen ist (Zeile 27: οἰκίαν, οὗ τὸ ἱερόν ἐστιν), von Fall zu Fall frei zu machen und herzurichten.[22] Eine derartige Doppelbenutzung war also möglich. Bemerkenswert ist auch, daß besonders die Anhänger importierter kleinasiatisch-orientalischer Gottheiten diese Orgnisationsform wählen. Die thrakische Bendis hat im 4. Jh. v. Chr. Verehrer, die sich um ein Haus im Piräus scharen, ebenso die kleinasiatische Göttermutter.[23]

Überhaupt kann man sagen, daß im Mittelpunkt des hellenistischen Vereinslebens das Vereinshaus steht. Es war für Versammlungen, Beratungen, Opferfeiern und Vereinsmähler unentbehrlich. Wie beeindruckt sich *Franz Poland*, der das einschlägige Material in unübertroffener Gründlichkeit aus den Inschriften gesammelt hat, von dieser Einrichtung fühlte, zeigt seine Bemerkung, „daß man versucht ist, in ihr ein Vorbild für die altchristlichen Hausgemeinden, die ἐκκλησίαι κατ' οἶκον, zu erkennen"[24].

---

[20] SIG³ 987 = LSCG 118,4f: τὰ ἱερὰ τὰ κοινὰ [ἐκ] τῶν ἰδιωτικῶν οἰκιῶν εἰς τὸν κο[ιν]ὸν οἶκον ἐνεγκεῖν. Mehrfach wiederholt.

[21] Vgl. *W. S. Ferguson*, Orgeones; *E. Ziebarth*, Vereinswesen 191–196. An Belegen SIG³ 1095–1097; 1100–1102; LSCG 20; 125.

[22] IG II² 2499 = SIG³ 1097 = LSCG 47 (307/06 v. Chr.).

[23] LSCG 45; 46; 48; IG II² 1301; 1315.

[24] Geschichte 463. Zum Vereinshaus auch *M. San Nicolò*, Vereinswesen II, 144–150.

Der Lexikograph *Hesychius* definiert das seltene Wort θιασῶνες als „Häuser, in denen die Vereine zum Mahl zusammenkommen". Wo Vereine neu gestiftet wurden, was meist zum Zweck des Totengedächtnisses geschah, mußte die erste Sorge die um ein geeignetes Gebäude sein. Im Testament der Epikteta auf Thera (210–195 v. Chr.) sind es ein Musenheiligtum und ein Heroenhain (LSCG 135), im Testament des Diomedon auf Kos (um 300 v. Chr.) ein heiliger Bereich mit Gasthäusern im Garten und weiteren Wohnräumen[25]. Philosophische Schulhäupter wie Epikur, Theophrast und Lykon vermachen testamentarisch ihren Hausbesitz und ihre Ländereien den vereinsmäßig organisierten Anhängern.[26]
In der *Lex Collegi Aesculapi et Hygiae* schenkt Salvia Marcellina zum Gedenken an ihren Gatten den Asklepiusverehrern ein Vereinsgebäude, in dem sie fortan speisen können.[27] Die Vereinshäuser der römischen Kollegien tragen Namen wie *schola* oder *domus*.[28]
Was die Zusammensetzung der Vereine angeht, ist zu beachten, daß sie sozial weitgehend homogen waren und auf gleichem Beruf, gleichem Stand oder gleicher landsmannschaftlicher Herkunft beruhen.[29] Fast alle Vereine erheben aber den Anspruch, in ihren Häusern nicht bloß Berufspolitik zu betreiben und Geselligkeit zu pflegen, sondern auch religiöse Bräuche und Traditionen fortzuführen. Zu den *collegia* schreibt *Kornemann*: somit war „jeder Verein von Berufsgenossen vornehmlich eine Cultgenossenschaft und zugleich ein Geselligkeits- und Freundschaftsclub, gewissermaßen eine Familie im grossen"[30]. Der religiöse Anspruch dokumentiert sich schon in den Vereinsnamen, die oft theophore Bildungen sind, also: Dionysiasten[31], Soteriasten[32] oder Sarapiasten.

1.4 Der Sarapiskult

Nach der delischen Sarapisaretalogie (200 v. Chr.) hat der zuletzt genannte graeco-ägyptische Gott, den ein ägyptischer Einwanderer in Form einer kleinen Statue in seinem Gepäck mitbrachte, auf Delos

25 SIG³ 1106 = LSCG 177.
26 Diog. Laert. 5,51.70f; 10,16. Weitere Stiftungen LSAM 72; LSCS 61; LSCG 58. Zum Ganzen *B. Laum*, Stiftungen I, 135f u. ö.
27 ILS 7213. Weitere Beispiele: ILS 3081; 7255a; 8369.
28 Z.B. ILS 7217f; 7221f.
29 Vgl. *F. Bömer*, Untersuchungen IV, 236–241.
30 PRE IV, 402. Auf die *collegia* als Analogie zur Hausgemeinde verweist *A. J. Malherbe*, Aspects 90f.
31 SIG³ 1101 = LSCG 49.
32 SIG³ 1104.

zunächst im Rahmen eines ärmlichen Privatkultes Fuß gefaßt. Erst drei Generationen später verkündet der Gott dem Stifter der Inschrift in einem Traum, er wolle nicht länger in angemieteten Räumen wohnen wie bisher, sondern seinen eigenen Tempel haben.[33]
Berühmt war Sarapis wegen der Mahlfeiern in seinem Kult. Über ihre Beliebtheit schreibt *Tertullian* mit unnachahmlichem Sarkasmus: „Die Rauchentwicklung beim Sarapismahl alarmiert die Feuerwehr“[34]. Für uns sind sie wichtig, weil sie nicht nur im Heiligtum, sondern ebensogut im Privathaus abgehalten werden konnten. Die Papyri sprechen ausdrücklich von Einladungen zum Sarapismahl „in mein Haus“, „in das eigene Haus“.[35] Dieser kulturgeschichtlich reizvolle Sachverhalt sei mit zwei Textbeispielen illustriert:

POslo III 157 (2. Jh. n. Chr.):
Ἐρωτᾷ σε Σαραπίων [γεγυ-
μνασιαρχ(ηκὼς) δειπνῆσ[αι εἰς
κλείνην τοῦ κυρίου Σ[αράπι-
δος ἐν τῇ ἰδίᾳ οἰκίᾳ αὔ[ριον
ἥτις ἐστὶν ιε' ἀπὸ ὥρ(ας) η'.

Es lädt dich ein Sarapion, Gym-
nasiarch seines Zeichens, zu speisen beim
Mahl des Herrn Sarapis
im eigenen Haus morgen,
das heißt am 15., um 8 Uhr.

PYale 85 (2. Jh. n. Chr.):
Ἐρωτᾷ σε Διονύσιος
δειπνῆσαι τῇ κα'
εἰς κλείνην Ἡλίου
μεγάλου Σαράπιδος
ἀπὸ ὥρας θ' ἐν τῆι
πατρικῆι ἑαυτοῦ οἰκίᾳ.

---

[33] Zeile 13–16: ὁ θεός μοι ἐχρημάτισεν κατὰ τὸν ὕπνον ὅτι Σαραπιεῖον δεῖ αὐτῶι ἀναδειχθῆναι ἴδιον καὶ μὴ εἶναι ἐν μισθωτοῖς καθὼς πρότερον. Text bei *H. Engelmann*, Aretalogy 7–9. Ebd. Zeile 65 bereits eine Anspielung auf das Sarapismahl. Vgl. *A. D. Nock*, Conversion 50–54; *O. Weinreich*, Urkunden 19f.

[34] Apol 39,15: *ad fumum cenae Serapiacae sparteoli excitabuntur.*

[35] Vgl. PFouad 76; POxy 523. Einladungen ins Serapeion oder in einen anderen Tempel POxy 110; 1484; 1755; 2592; 2791; PKöln 57. Zum Formular der

Es lädt dich ein Dionysos,
zu speisen am 21.
beim Mahl des Helios,
des großen Sarapis,
um 9 Uhr in
seinem väterlichen Haus.

Bei solchen Mahlzeiten wurde vermutlich nur Opferfleisch oder andere Opfermaterie gegessen. Darin gründet der Glaube, der Gott sei selbst als Gast und Gastgeber, als Tischherr und Mahlteilnehmer zugleich im Hause zugegen. „Er waltet als Symposiarch inmitten derer, die sich in seinem Namen (κατ' αὐτόν) versammeln"[36].

1.5 Die Mysterienkulte

Inwieweit der Sarapiskult als Mysterienkult angesehen werden kann, ist in der Forschung strittig. Ein Kulthaus (Oikos) gibt es in den lokal gebundenen Mysterien von Andania.[37] An sich aber sind die Mysterien der klassischen und der hellenistisch-römischen Zeit keine Haus- und Familienkulte mehr, wiewohl sie wahrscheinlich aus alten Agrar- und Initiationsriten im Familien- und Stammesverband erwachsen sind. Das geräumige, einige Tausend Menschen fassende Telesterion von Eleusis, in dem die Einweihung vor sich ging, kann man nicht mehr als Haus in diesem Sinne ansprechen. Die Heiligtümer des Mithraskultes, den man vielfach als schärfsten Konkurrenten des Christentums ansieht, sind zwar klein in ihren Ausmaßen. Der langgestreckte, schmale Hauptraum faßt in der Regel nicht mehr als zwei bis drei Dutzend Mitglieder.[38] Aber diese Bauten mit dem Kultbild vom stiertötenden Mithras an der Stirnseite sind bereits streng liturgisch stilisiert und für Wohnzwecke völlig ungeeignet. Zutritt haben nur Männer, keine Frauen und Kinder.[39] Die strenge Gliederung in sieben Weihegrade[40] spiegelt fast die Befehlsstruktur des

---

Einladung ins private Haus auch POxy 111; 926; 1579; 2147; 2792; SGUÄ 7745. Die meisten Texte bei *M. Vandoni*, Feste 124–131. Vgl. u.a. *C.H.Kim*, Invitation.

36 Aristid., Or 45,27 (360,10–20 Keil). Vgl. *A. Höfler*, Sarapishymnus 94–96.

37 SIG[3] 736 = LSCG 65,113.

38 Beispiele CIMRM 34.180.250.338.476.1082.

39 Fragwürdige Ausnahmen CIMRM 115.935; Porphyr., Abst 4,16.

40 Hieron., Ep 107,2 (292,5f CSEL 55 Hilberg, aber mit *nymphus* statt der unangebrachten Konjektur *cryphius*): „Rabe, Mann-Braut, Soldat, Löwe, Perser, Sonnenläufer, Vater".

römischen Heeres wider, dem die meisten Mithrasanhänger entstammten. Der Mithraskult konnte keine Hausgemeinden bilden, weder von den Räumlichkeiten noch von der soziologischen Zusammensetzung her. Vielleicht liegt auch darin ein Grund für die schließliche Überlegenheit des Christentums. Die Isismysterien, um noch ein weiteres Beispiel zu nennen, sind vorwiegend an die zahlreichen Tempel und Heiligtümer dieser hellenisierten ägyptischen Göttin im Mittelmeerraum angeschlossen.[41]

Affinitäten zur Hausgemeinde entstehen dort, wo Mysterien auf Vereins- oder Familienbasis oder im Geheimen gepflegt werden, und zwar primär im Dionysoskult. In Rom führt das Eindringen der Dionysosbewegung 186 v. Chr. zum bekannten Bacchanalienskandal. *Livius* spricht zwar konsequent von „Heiligtümern", in denen sich die Anhänger dieser Untergrundbewegung trafen.[42] Aber konkret kann es sich nur um beliebige Häuser gehandelt haben. Der Senatsbeschluß beschränkt die Teilnehmerzahl künftig auf höchstens fünf Personen.[43] Sie fanden in jedem Zimmer Platz.

Die Jobakchen, eine Dionysosgemeinde in Athen, besitzen als Treffpunkt ein eigenes Vereinshaus. Dort versammeln sie sich am Neunten jedes Monats, am jährlichen Gründungstag und zu allen Dionysosfesten. Vorgesehen sind bei diesen Anlässen verschiedene Zeremonien (Zeile 112: λιτουργίας), am Tag der Wiederkunft des Gottes aus der Unterwelt zum Beispiel eine Trankspende und eine Rede mythologischen Inhalts (Zeile 115: θεολογίαν). Fünf Vereinsfunktionäre inszenieren mit fünf Darstellern göttlicher Personen ein Rollenspiel, vermutlich eine Theoxenie, die symbolisch die Götter selbst beim Vereinsmahl zu Gast sein läßt.[44]

Kleinasiatische Inschriften bezeugen ein „heiliges Haus" von Dionysosmysten.[45] Wir kennen drei Mysterienvillen mit Wandmalereien aus dem Zyklus der dionysischen Mythen und Riten: die Villa Item und die Casa Omerica in Pompei sowie die Villa Farnesina in Rom, ausnahmslos private Wohnhäuser wohlhabender Eigentümer.[46] Vermutlich hat in den

---

41 Vgl. Apul., Met 11,17,1; 11,19,1; 11,20,3f; 11,22,7; 11,23,5; 11,24,2.

42 Z. B. 39,9,4: *sacrarium*.

43 ILS 18,19f: *Homines plous* V *oinvorsei virei atque mulieres sacra ne quisquam fecise velet (sic)*.

44 SIG^3 1109 = LSCG 51,42–44.101.110–125 (vor 178 n. Chr.).

45 *W. Quandt*, De Baccho 150 und 163.

46 Abbildungen bei *J. Leipoldt*, UUC III Nr. 51–54. Vgl. dazu *F. Matz*, Telete 7–36; *M. P. Nilsson*, Dionysiac Mysteries 66–98.

ausgemalten Räumen unter Vorsitz des Hausherrn die Mysterienfeier stattgefunden.

Die Inschrift von Torre Nova, dem alten Tusculum, jetzt im Metropolitan Museum in New York, enthält eine lange, nach kultischen Funktionen gestaffelte Liste von Mitgliedern eines dionysischen Mysterienvereins, die ihrer Priesterin Agrippinilla eine Statue weihen.[47] Diese Pompeia Agrippinilla entstammt einer Familie, die ursprünglich auf Lesbos beheimatet war. Ihr Mann fungierte 165 n. Chr. als Prokonsul in Kleinasien. An einem dieser Orte hat sie die Dionysosmysterien kennengelernt und nach Rom transferiert. Der Kultverein, dem sie als Oberpriesterin vorsteht, setzt sich zusammen aus den Angehörigen ihres großen Hauswesens, dem Gatten und den Kindern, Verwandten, Klienten, Dienern und Sklaven, in dieser Reihenfolge. Die hierarchische Schichtung der Großfamilie bleibt in der religiösen Rangfolge erhalten und wird nicht etwa durchbrochen auf eine brüderliche Gleichstellung der Kultgenossen hin.

Nicht unwichtig ist, daß die kaiserzeitlichen Dionysosmysterien neben der selbstverständlichen Beteiligung von Frauen eine ausgeprägte Vorliebe für die Einweihung von Kindern entwickeln und eine diffuse Jenseitserwartung vertreten. Den Mysten erwartet nach dem Tod ein besseres Geschick.[48]

1.6 Die Orphik

In einem schwer zu bestimmenden Verwandtschaftsverhältnis zu den Dionysosmysterien steht die Orphik. Sie scheint ein reiner Hauskult gewesen zu sein. *Platon* zeichnet mit sichtlicher Antipathie das Bild der orphischen Bettelpriester, die von Haus zu Haus ziehen und mit Hilfe ihrer heiligen Bücher[49] Reinigungen und Weihungen vornehmen. Sie versprechen Sühnung von schwerer Schuld und Bewahrung vor schreckli-

[47] Vgl. *A. Vogliano*, Iscrizione (Text); *F. Cumont*, Commentaire. In der Auswertung m. E. treffender *F. Bömer*, Untersuchungen III, 134–140.

[48] Vgl. *M. P. Nilsson*, Dionysiac Mysteries 106–132.

[49] Zu diesem Zug der Orphik, die eine Buchreligion war, vgl. Paus. 1,37,4: „Wer die Mysterienweihe in Eleusis *gesehen* und die sogenannten Orphika *gelesen* hat, weiß, wovon ich rede"; Eur., Hipp 953f: „Spiele den Eingeweihten, der in des Orpheus Dienst den blauen Dunst der *Zauberbücher* ehrt"; den lesenden Knaben auf dem Fresko aus der Villa Item.

chen Jenseitsstrafen.[50] Der Abergläubische bei *Theophrast* nimmt Monat für Monat ihre Dienste in Anspruch (Char 16,12). *Aristophanes* parodiert in seinen „Wolken“ einen orphischen Einweihungsritus, der im Zimmer des Sokrates vor sich geht (Nu 254–263).[51]
Die orphisch-dionysischen Mysterien, wenn dieser unscharfe Sammelbegriff einmal gestattet sei, sahen sich immer wieder schweren Verdächtigungen bezüglich ihrer sittlichen Integrität ausgesetzt. Man unterstellte ihnen wüste Orgien und Schlimmeres, bis hin zu Mord und Kannibalismus (ein verzerrter Reflex des dionysischen Rohfleischessens). Das erinnert unwillkürlich an den Vorwurf ödipeischer Unzucht und thyesteischer Mähler (Inzest und Kinderfraß), der in den ersten Jahrhunderten gegen die Christen erhoben wurde.[52] Das ist kein Zufall, sondern bestätigt von der Negativseite her die strukturelle Vergleichbarkeit der beiden religiösen Bewegungen. Einen Ansatzpunkt für die Entstehung solcher Gerüchte bildet die Tatsache, daß sich das Gemeindeleben weithin den Blicken der Öffentlichkeit entzogen im Innern von Häusern abspielt.

2. DAS JUDENTUM

2.1 *Häusliches Brauchtum*

Näher als die heidnische Antike steht den frühen Christen in mancher Hinsicht das Judentum. Auch hier muß als erstes, analog zum griechisch-römischen Hauskult, der hohe Rang des häuslichen Glaubenslebens hervorgehoben werden. Hören wir dazu *Robert Raphael Geis*: „Das Unbekannteste des Judentums ist ganz zweifelsohne das jüdische Haus mit seiner Vielfalt von Gebräuchen, seiner frommen Innigkeit, seinem innigen Frommsein. Die Bedeutung des Heimes im Judentum ist gar nicht hoch genug anzuschlagen. Wann immer dem jüdischen Gottesdienst Schwierigkeiten bereitet werden, das Haus kann seine Funktionen über-

[50] Resp 364B–365A. Vgl. Plut., Apophth Lac (224E).

[51] Auch die magischen Handlungen der Zauberpapyri finden teils im Hause statt, vgl. z. B. PGrM I 84 (I,6 Preisedanz): τὸν οἶκον στρώσας; II 150–160 (I,28); III 192 (I,40): „und zu dir kommen wird die Gottheit, das ganze Haus (ὅλον τὸν οἶκον) vor sich her erschütternd“; IV 1859–1862 (I,130): „Geh in dein Haus, stell einen Tisch auf und breite reines Linnen aus“; IV 2373f (I,146): ein Zaubermittel „für Werkstatt und Haus“ (vgl. II,207); VII 616 (II,28): ἥκει εἰς τὴν οἰκίαν; XIII 6f (II,88): „habe ein Zimmer (οἶκον) zu ebener Erde und errichte mitten im Zimmer einen irdenen Altar“.

[52] Vgl. des näheren *H. J. Klauck*, Herrenmahl 183–186.

nehmen. Solange die jüdische Familie, das jüdische Haus intakt ist, droht dem Judentum keine Gefahr"[53]. „Das Geheimnis des Judentums ... ist das jüdische Haus, jener weiße Fleck des Tisches, um den sich die Familie immer wieder sammelt"[54].

Am Eingang zum jüdischen Haus ist am rechten Türpfosten die Mesusa angebracht, eine Kapsel mit einer kleinen Pergamentrolle, auf der die Schrifttexte Dtn 6,4–9 und 11,13–20 stehen. Den Tagesablauf rahmen die Gebete am Morgen, am Mittag und am Abend, zu denen zentral das *Schema Israel* („Höre, Israel, der Herr, unser Gott, ist ein einziger") zählt, das auf die gleichen Stellen aus Deuteronomium und auf Num 15,37–41 zurückgreift. Das tägliche Mahl wird von Segensgesten und -worten begleitet. Jeden Freitagabend begrüßt man im Haus den Sabbat mit einem Segensspruch über Brot und Wein (Kiddusch), und man verabschiedet ihn am folgenden Abend mit dem Unterscheidungssegen (Habdala) über Wein, Gewürzbüchse und brennendem Licht.[55]

Auch die großen Jahresfeste ragen durch Fasten, Beten und Feiern ins häusliche Leben herein[56]: das Neujahrsfest (Rosch Haschana), der Versöhnungstag (Jom Kippur), das Laubhüttenfest (Sukkot) mit dem Aufschlagen der leichten Hütten in der Wohnung, das Wochenfest (Schawuot), eine Art Erntedankfest, zu dem man das Haus mit Blumen schmückt, das Chanukkafest, wo man in Erinnerung an die Makkabäerzeit acht Tage lang Lichter abbrennt, das Purimfest, das auf ausgelassene Weise die Ereignisse des Estherbuchs vergegenwärtigt.

Den Höhepunkt bildet das Paschafest mit dem Paschamahl, das in neutestamentlicher Zeit in den Häusern Jerusalems gehalten wurde. *Philo von Alexandrien* schreibt über das Pascha: an diesem Tag versieht das ganze Volk das Priesteramt. „Jedes Haus erhält für diese Zeit den Charakter und die Weihe eines Tempels"[57].

2.2 *Die Essener*

Zu fragen wäre auch, wo und wie die Essener ihr Gemeinschaftsleben führten. Nach *Philo* und *Josephus* betrug ihre Zahl etwa 4000, und sie

[53] *R. R. Geis*, Judentum 61.

[54] Ebd. 64. Vgl. *E. Pax*, Familienliturgie 248–261.

[55] Vgl. *I. Elbogen*, Gottesdienst 14–106; *ders.*, Eingang 173–187; Bill. IV, 611–639.

[56] Vgl. *L. Adler*, Religion 9–64.

[57] Spec Leg 2,145.148: ἑκάστη δὲ οἰκία κατ' ἐκεῖνον τὸν χρόνον σχῆμα ἱεροῦ καὶ σεμνότητα περιβέβληται.

lebten über ganz Palästina verstreut.[58] Ein klosterartiges Zentralgebäude, wie es ihre geistigen Väter in Qumran besaßen, stand ihnen nicht zur Verfügung. Die Damaskusschrift, die ihre Lebensform einfängt, sieht eine Gliederung in einzelne Lager vor (CD 12,22f; 13,13). Wahrscheinlich haben sie sich in den Orten, wo es Essenergemeinden gab – was für Jerusalem z. B. durch das „Essenertor“[59] bezeugt ist –, um ein bestimmtes Haus versammelt. *Josephus* vermerkt, daß sie für Mahlfeier und Beratung in einem besonderen Gebäude (Bell 2,129: εἰς ἴδιον οἴκημα) zusammenkommen, und er nennt es wenige Zeilen später ein Haus (132: οἶκον). Dazu paßt eine Aussage über die Gütergemeinschaft der Essener bei *Philo:* „Niemand hatte ein Haus so zu eigen, daß es nicht zugleich auch allen anderen gemeinsam gehörte“[60]. Offenkundig mußte einer jeweils ein geeignetes Gebäude zur Verfügung stellen.
Die Essener selbst haben ihrem Versammlungsort nach *Philo* den Namen „Synagoge“ gegeben.[61] Die Damaskusschrift sagt dafür *bêt hištaḥªwot* (CD 11,22), ein philologisch nicht ganz geklärter Ausdruck, den man aber frei mit „Bethaus“ wiedergeben kann. Dem würde im Griechischen προσευχή entsprechen, was in der Diaspora zunächst das bevorzugte Wort anstelle von συναγωγή war. Die profanere Bezeichnung συναγωγή, die man in Palästina wohl wählte, um jede Konkurrenz zum geheiligten Tempel zu vermeiden[62], stammt aus der hellenistischen Vereinssprache und meint dort die Mitgliederversammlung, seltener den Verein selbst, wird aber nicht auf den Ort der Versammlung übertragen[63]. Im Judentum ist diese Metonymie vollzogen. συναγωγή steht dort auch für die Gemeinde, bevorzugt aber für ihr Gebäude.[64] Beide Bedeutungen finden sich unmittelbar nebeneinander in einer Synagogeninschrift aus dem Jahr 56 n. Chr.: „Es erschien der *Synagoge* der Juden in Berenike gut, denen, die zur Ausbesserung der *Synagoge* beigetragen haben, eine Marmorinschrift zu setzen“[65].

---

[58] Vgl. Philo, Omn Prob Lib 75f; Hyp 11,1; Jos., Ant 18,20; Bell 2,124.
[59] Jos., Bell 5,145.
[60] Omn Prob Lib 85; vgl. Hyp 11,4; Jos., Bell 2,122.
[61] Omn Prob Lib 81: εἰς ἱεροὺς ἀφικνούμενοι τόπους, οἳ καλοῦνται συναγωγαί.
[62] Vgl. *M. Hengel*, Proseuche 177f.
[63] Vgl. SIG^3 1106 = LSCG 177,93f; LSCG 135,20; PLond 2710,12; SGUÄ 8267,3; OGIS 326,11f. Dazu *F. Poland*, Geschichte 155f.247f; *M. San Nicolò*, Vereinswesen II, 42f.
[64] Vgl. συναγωγή neben προσευχή in CIJ 683,6f.13f.19; neben οἶκος in CIJ 738,2.6. οἶκος noch in CIJ 766,1.
[65] SEG XVII 823,3–5.

2.3 *Die Synagoge*

Fragt man nach den Motiven für die Entstehung der Synagoge, wird man bis in die Exilszeit zurückgehen müssen. Die Trennung des Judentums vom einzigen Tempel, den es besaß, mußte die Schaffung neuer Gottesdienst- und Versammlungsstätten anregen. So wurde das Haus zum Ort der Gesetzeslehre, des Gebetes und der Beratung. Bereits *Friedrich Wilhelm Maier* bemerkt bei seiner Besprechung der paulinischen Hausgemeinden: „Die Organisation der Hausgemeinden ist schon für die Exulanten in Babylon typisch gewesen. Tempel und Opfer gab es nicht, infolgedessen kam man in den eigenen Häusern und Höfen zusammen. So sah Haus und Hof des Ezechiel manche fromme Versammlung, die durch den Propheten selber geleitet wurde, und in diesen Hausgemeinden lag, wie eben auch später beim Diasporachristentum, der eigentliche Keim zur Kirchenbildung"[66].

Das Neue und Revolutionäre des Synagogeninstituts im Vergleich zur gesamten antiken Religiösität liegt nicht schon im Wechsel vom sakralen Tempel zum profanen Haus. Auch der Verzicht auf jegliche Opfer[67] hat seine Parallelen. Entscheidend ist, daß dieser reine Wortgottesdienst an nichtkultischer Stätte den Tempel- und Opferkult auf Dauer ersatzlos ablösen konnte. Das Aufkommen von Priestertum, Opfervorstellungen und reinen Kultgebäuden im frühen Christentum bedeutet ein erneutes Abrücken vom synagogalen Frömmigkeitstypus und geht nicht zufällig mit dem Rückgriff auf alttestamentliche Modelle und dem unterschwelligen Weiterwirken heidnischen Erbes einher.

Die frühesten inschriftlichen Belege für Synagogen entstammen dem ägyptischen Diasporajudentum und weisen ins 3. Jh. v. Chr. zurück.[68] Das älteste bisher entdeckte Synagogengebäude (1. Jh. v. Chr.) wurde auf der Insel Delos ausgegraben. Es entstand durch Umbau eines Wohnhauses mit Peristylhof. Aus Privathäusern und Villen erwachsen sind auch die Synagogen von Priene, die von den Ausgräbern bezeichnenderweise zunächst mit einer Hauskirche verwechselt wurde[69], von Aegina und von Hammam Lif in Tunesien (3. Jh. n. Chr.). Eine synagogale Anlage in

---

[66] Paulus 27 Anm. 2. Zum Ganzen *K. Hruby*, Synagoge 9–39 (mit Literatur).

[67] Als Kuriosum sei die Meinung von *S. Krauß*, PRE A IV, 1291f, notiert, der die ältesten Synagogen für kleine Diasporatempel mit eigenem Opferkult hält.

[68] OGIS 726 = CIJ 1440; CPJ 129. Weiteres bei *W. Schrage*, ThWNT VII, 811. Das Folgende nach *E. L. Sukenik*, Synagogues 37–45; *E. R. Goodenough*, Symbols II, 71–77.89–100.

[69] Dieser Fehler noch bei *F. V. Filson*, Significance 108f.

Ostia Antica aus dem 3. Jh. n. Chr. basiert ebenfalls auf einem umgebauten Peristylhaus des 1. Jh. n. Chr.[70]
Aus der Theodotosinschrift (CIJ 1404) geht hervor, daß eine Jerusalemer Synagoge vor 70 n. Chr. über Gasträume zur Beherbergung von Pilgern verfügte. Dazu gibt es eine vergleichbare Aussage in der Gemara des babylonischen Talmud: „Wozu braucht man den Weinsegen (Kiddusch am Paschaabend) im Bethaus zu sprechen? Um Fremde, die im Bethaus essen, trinken und schlafen, ihrer Pflicht zu entledigen"[71]. Von einem Triklinum (Speise- und Aufenthaltsraum) in einer Synagoge wissen wir auch durch eine Inschrift aus Caesarea (SEG XX 462) und durch Ausgrabungen in Sardis[72].
Im makedonischen Stobi baut im 3. Jh. n. Chr. Tiberius Polcharmus, der den Ehrentitel „Vater der Synagoge" erhält (Zeile 4f), seine Privatvilla zum jüdischen Gemeindezentrum aus, mit einem Betsaal, einem Speisesaal und einem Säulenhof (Triklinum und Tetrastoa in Zeile 12f).[73] Für sich und seine Nachkommen behält sich der Stifter ausdrücklich das Wohnrecht im Obergeschoß (Zeile 17f: ἐξουσίαν τῶν ὑπερῴων) der neugeschaffenen Synagoge vor (als Ausgleich wollen sie dafür weiterhin die Kosten der Dachreparaturen übernehmen). Dazu bemerkte seinerzeit schon *Hans Lietzmann*: „So wird die ganze Anlage im eigentlichen Sinne das, was die Urchristenheit eine κατ' οἶκον ἐκκλησία nennt"[74].
Die Synagoge von Dura-Europos wurde bereits kurz angesprochen.[75] In ihrer endgültigen Form, die sie wie die Hauskirche um 244/45 n. Chr. erhielt, umfaßt sie einen ganzen Gebäudekomplex. Der Hauptraum mit der Nische für den Toraschrein mißt 13,65 x 7,68 m. Er ist damit größer als sein christliches Pendant und als die meisten Räume in Dura, bleibt aber grundsätzlich „an oversize version of a room of a private house"[76]. Religionsgeschichtlich von besonderem Interesse sind in Anbetracht des alttestamentlichen Bilderverbots die reichen Wandmalereien zu biblisch-heilsgeschichtlichen Themen, die man heute im Museum in Damaskus bewundern kann.[77]
Ihre Vorgängerin an gleicher Stelle war eine Haussynagoge, die etwa

---

[70] Vgl. *H. L. Hempel*, Synagogenfund 72.
[71] bPes 101a (II,685 Goldschmidt).
[72] Vgl. *D. G. Mitten*, BASOR 174 (1964) 47; 177 (1965) 17.
[73] CIJ 694. Dazu *M. Hengel*, Synagogeninschrift, hier 164f.
[74] Notizen 94.
[75] Vgl. oben Anm. 207.
[76] *C. H. Kraeling*, Synagogue 22.
[77] Dazu *E. R. Goodenough*, Symbols IX–XI.

75 Jahre bestanden hat, mit einem unregelmäßigen Hauptraum von 10,65–10,85 m Länge und 4,60–5,30 m Breite. „It represents the private house, the natural locus for the development of a congregational group, adapted by a minimum of changes to meet the needs of the group in worship“[78]. Was *Kraeling* hier zur älteren Haussynagoge schreibt, läßt sich auf die Hauskirche übertragen, ohne daß man eine Silbe zu ändern brauchte.

Ergänzend ist noch hinzuzufügen, daß die Synagoge von Dura-Europos in beiden Stadien ihrer Baugeschichte neben Versammlungsraum und Vorhof auch einen Gästeflügel für durchreisende Gläubige besaß und daß Teile des Gebäudekomplexes ständig bewohnt waren, möglicherweise vom Stifter oder Erbauer „Samuel dem Ältesten“, der zugleich Archon der Gemeinde war (so die Bauinschrift), und seiner Familie.[79]

---

[78] *C. H. Kraeling*, Synagogue 33.

[79] Ebd. 10f.32. Die Inschriften Nr. 1 (ebd. 263) und Nr. 23f (ebd. 277). Die erste ist in Aramäisch, die beiden anderen sind in Griechisch gehalten. Nr. 1 beginnt: „Dieses Haus wurde gebaut im Jahr 556, das entspricht dem zweiten Jahr des Philipp Julius Caesar, unter der Ältestenschaft des Priesters Samuel, Sohn des ..., Archon.“ Nr. 23 lautet: Σαμουὴλ Εἰδδέου πρεσβύτερος τῶν Ἰουδέων ἔκτισεν.

V. Auswertung

Das Haus als der Ort, wo religiöses Leben sich abspielt und konkret wird, hat in der Antike eine lange, ungebrochene Tradition. Dem frühen Christentum, das nicht losgelöst von seiner Umwelt existierte, boten sich Anknüpfungspunkte genug, wobei direkte Entlehnungen eher die Ausnahme als die Regel war. Praktische Erfordernisse und theologische Anliegen prägen hier wie dort das Erscheinungsbild. Manches brachten die ersten Christen als selbstverständlichen Besitz aus ihrer jüdischen oder heidnischen Vergangenheit mit.

Wenn man ein direktes Vorbild ausmachen will, kommt in erster Linie die jüdische Haussynagoge in Betracht. Die christliche Mission setzte zunächst im Umfeld der Synagoge ein und errang erste Erfolge unter den Gottesfürchtigen, den heidnischen Sympathisanten des Judentums. Für sie war das Christentum als „entschränktes" Judentum ohne Beschneidung und Gesetz besonders attraktiv. Auch rechtliche Probleme ließen sich so eine zeitlang lösen. Im Schatten der privilegierten jüdischen Religion konnten die kleinen christlichen Gruppen zunächst unbemerkt existieren und ihr Eigenleben entfalten.[1]

Eine andere unauffällige Organisationsform war die eines privaten Kultvereins. Nicht vom Selbstverständnis, aber vom Phänotyp her haben die Gemeinden in vielem dem Thiasos einer orientalischen Gottheit mit Versammlungshaus und Gemeinschaftsmahl ähnlich gesehen. Als konkurrenzfähig gegenüber all diesen missionierenden Bewegungen, Mysterienzirkeln, religiösen Konventikeln und philosophischen Schulen erwiesen sie sich vor allem durch die Botschaft von der Brüderlichkeit, die in dieser Form wenig Parallelen hat und die nicht blasse Theorie blieb. Der Althistoriker *Franz Bömer* stellt dazu fest: „1. Im griechischen Kulturgebiet ist die Vorstellung von der Brüderlichkeit der Genossen des gleichen Kults so gut wie unbekannt. 2. Im nichtgriechischen Kulturgebiet sind die Bezeichnungen und Vorstellungen dieser Art relativ selten und nahezu gleichmäßig auf religiöse und soziale Gemeinschaften verteilt. 3. Im Christentum erscheint diese Vorstellung von Anfang an als konstituierendes Element der religiösen Gemeinschaften"[2].

---

[1] Vgl. *P. Stuhlmacher*, Phlm 74f.

[2] Untersuchungen I, 172. Vgl. 178f: „Theoretisch wirklich vertreten wurde sie nur von der Stoa, praktisch aber allein im Christentum ... das die Voraussetzungen dafür nicht im geistigen Gut der Antike vorfand, sondern aus dem Judentum mitbrachte."

In Hausgemeinden wurde versucht, den kühnen Satz des Paulus, der selbst in Hausgemeinden lebte, zu verwirklichen: „Da gibt es nicht mehr Jude noch Grieche, Sklave oder Freier, Mann oder Frau, ihr alle seid eins in Christus" (Gal 3,28; vgl. 1 Kor 12,13; Kol 3,11). Alle drei soeben genannten Stellen stehen in Taufkontexten (vgl. Gal 3,27: „Ihr alle, die ihr auf Christus getauft seid, habt Christus angezogen"; 1 Kor 12,13: „Wir sind alle in einen Leib hineingetauft..."; Kol 3,9f: Anziehen des neuen Menschen). Die Taufe war der Gründungsakt der Hausgemeinden, das ergibt sich auch aus den Oikosformeln. Das neue Sein der Gemeinden, das sie zu einer „neuen Schöpfung" (Gal 6,15) werden läßt, ist nicht nur ein eschatologischer Wunschtraum, sondern sakramental verankert und deshalb auf ansatzhafte Realisierung hin angelegt. Die historischen und sozialen Vorgegebenheiten der antiken Welt konnte die verschwindend kleine Schar der ersten Christen nicht auf einen Schlag ändern. Aber im eigenen Binnenraum, in ihren Häusern konnte sie damit beginnen, jene alles beherrschenden Schranken abzubauen und die antagonistischen Gruppen in eine christliche Bruderschaft zu integrieren.

Auch die schroffen Gegensätze zwischen arm und reich, die in Gal 3,28 und in den Parallelen nicht erwähnt sind, aber im täglichen Leben nicht weniger schmerzlich empfunden wurden, erfahren eine Milderung. Die wenigen Begüterten stellen ihr Haus zur Verfügung. Daraus erhellt sich exemplarisch, wie man seinen Besitz sinnvoll für die neuen Schwestern und Brüder (Mk 10,30) einsetzt. Die Gemeinde hat „a place and a function for the man of means"[3].

Grundsätzlich hielten Hausgemeinden sich für Neubekehrte aus allen sozialen Schichten offen. Ihre Grenzen werden nicht vom Wunsch nach Abschließung und Elitebildung bestimmt, sondern allein von Sachzwängen, nämlich (a) von der begrenzten räumlichen Kapazität eines Wohnhauses und (b) von der zahlenmäßigen Beschränkung einer funktionsfähigen Gruppe. Beides greift ineinander. Ein Grund für die Leistungsfähigkeit der Hausgemeinde ist darin zu suchen, daß schon vom Platzangebot her der Rahmen einer Kleingruppe in der Regel nicht gesprengt werden konnte.

Die Gruppentheorie setzt die Höchstzahl für eine Kleingruppe zwischen 10 und 30 Personen an. Danach entstehen Großgruppen, in unserem Fall Ortsgemeinden, die wieder der Differenzierung in Untergruppierungen und Substrukturen bedürfen. An Merkmalen für die Kleingruppe werden

---

[3] *F. V. Filson*, Significance 111.

genannt: große Interaktionshäufigkeit, persönlicher Kontakt, affektive Beziehungen, gemeinsame Zielvorstellungen und Normen, differenzierte Rollen und Solidarität gegenüber der Umwelt.[4]
Das läßt sich alles auf die Hausgemeinde übertragen. Um nur die letzten beiden Punkte noch einmal aufzugreifen: Die Rollenverteilung innerhalb einer Hausgemeinde, die teils an die äußeren Gegebenheiten anknüpft (Funktion des Gastgebers zum Beispiel, oder die Aufwertung der Frau des Hauses), stellt einen wesentlichen Faktor für die Herausbildung von Ämtern in der Kirche dar. Man hat das bisher eher unterschätzt. Die Solidarität gegenüber einer oft feindlichen Umwelt stützt das Selbstbewußtsein und die Gewinnung der eigenen christlichen Identität. Hausgemeinden konnten emotionale Geborgenheit vermitteln, das Gefühl des Zu-Hause-Seins, das auch der Gläubige braucht.
Was das mehrfach angesprochene Verhältnis von Hausgemeinde und Familie angeht, ist resümierend zu sagen: Gemeinde entsteht nicht einfach durch Übernahme familiärer Strukturen, wohl aber wird das Potential der Familie für die Gemeinde nutzbar gemacht. Familien, die Hausgemeinden bei sich beherbergten, dürften auch eine besondere Verantwortung hinsichtlich der Gestaltung ihres familiären Glaubenslebens eingegangen sein. Die Versammlung im nichtkultischen Wohnraum gewährleistet eine besondere Lebensnähe aller Glaubensäußerungen. Hervorzuheben ist auch die große Selbständigkeit, die Paulus etwa den Hausgemeinden einräumt. Sie standen mit ihm in Kontakt, aber nicht unter seiner ständigen Aufsicht.
Die Hausgemeinde hat die ersten Jahrhunderte nicht überlebt. In der Hauskirche war ihr ein gewisses Nachleben beschieden, das aber auch nur bis zur konstantinischen Wende anhielt. Die Gründe sind vielschichtiger Art. Der expansive Drang des frühen Christentums sprengte ihre räumliche und zahlenmäßige Begrenztheit. Als die Massen einmal gewonnen und bekehrt waren, brauchte man andere, effizientere Formen der Organisation. Strenger Orthodoxie mochte die Pluralität, die eine Vielzahl von Hausgemeinden notwendig mit sich brachte, von vorneherein als suspekt erscheinen. Erst die heutige Krise des Christentums fördert die Rückbesinnung auf jene äußerlich unscheinbare Gemeindeform, die sich auch unter härtesten Bedingungen als lebensfähig erweist und innere Aneignung des Glaubens statt nomineller Zugehörigkeit erfordert.
Für die Zeit des Urchristentums kann man die Bedeutung der Hausgemeinden kaum hoch genug veranschlagen. Die Hausgemeinde war, so

[4] *A. Schreiber*, Gemeinde 15.22.112.

dürfen wir zusammenfassend sagen, *Gründungszentrum und Baustein der Ortsgemeinde, Stützpunkt der Mission, Versammlungsstätte für das Herrenmahl, Raum des Gebetes, Ort der katechetischen Unterweisung, Ernstfall der christlichen Brüderlichkeit.* Die Kirche des Anfangs hat sich „hausweise" konstituiert.

Abkürzungsverzeichnis

Abkürzungen für Zeitschriften, Reihen und Lexika nach *S. Schwertner*, Internationales Abkürzungsverzeichnis für Theologie und Grenzgebiete, Berlin 1974, auch erweitert als: Theologische Realenzyklopädie, Abkürzungsverzeichnis, Berlin 1976. Folgende, bei Schwertner zum Teil nicht erfaßte Sigel seien aufgeschlüsselt:

BGU Ägyptische Urkunden aus den Königlichen (später: Staatlichen) Museen zu Berlin. Griechische Urkunden, Bd. 1–13, Berlin 1895–1976.

CIMRM *M. J. Vermaseren*, Corpus Inscriptionum et Monumentorum Religionis Mithriacae, Bd. 1–2, Den Haag 1956/1960.

EKK Evangelisch-Katholischer Kommentar zum Neuen Testament, Einsiedeln – Neukirchen 1975ff.

EWNT Exegetisches Wörterbuch zum Neuen Testament, hrsg. von *H. Balz – G. Schneider*, Stuttgart 1980ff.

ILS Inscriptiones Latinae Selectae, ed. *H. Dessau*, Bd. 1–3, Berlin 1892–1916, Repr. 1974.

LSAM *F. Sokolowski*, Lois sacrées de l'Asie Mineure (École Française d'Athènes. Travaux et mémoires des anciens membres étrangers de l'école et de divers savants 9), Paris 1955.

LSCG *F. Sokolowski*, Lois sacrées des cités grecques (Travaux... 18), Paris 1969.

LSCS *F. Sokolowski*, Lois sacrées des cités grecques. Supplément (Travaux... 11), Paris 1962.

OGIS Orientis Graeci Inscriptiones Selectae, ed. *W. Dittenberger*, Bd. 1–2, Leipzig 1903/05.

PGrM Papyri Graecae Magicae. Die griechischen Zauberpapyri, ed. *K. Preisedanz*, Bd. 1–2 (Sammlung wissenschaftlicher Commentare), 2. Aufl., Stuttgart 1973/74.

SEG Supplementum Epigraphicum Graecum, ed. *J. J. E. Hondius – A. G. Woodhead*, Leiden 1923ff.

SGUÄ *F. Preisigke – F. Bilabel – E. Kießling*, Sammelbuch griechischer Urkunden aus Ägypten, Bd. 1–12, Straßburg – Berlin – Wiesbaden 1913–1977.

SIG^3 Sylloge Inscriptionum Graecarum, ed. *W. Dittenberger*, Bd. 1–3, 3. Aufl., Leipzig 1915–1924.

Für die Hilfsmittel (Wörterbücher, Konkordanzen u. ä.) vergleiche man das Abkürzungsverzeichnis des Theologischen Wörterbuchs zum Neuen Testament.

Literaturverzeichnis

L. Adler, Religion der geheiligten Zeit. Die biblischen Festzeiten und das Judentum, Basel 1967.

K. Aland, Die Säuglingstaufe im Neuen Testament und in der alten Kirche. Eine Antwort an Joachim Jeremias (TEH 86), 2. Aufl., München 1963.

–, Die Stellung der Kinder in den frühen christlichen Gemeinden – und ihre Taufe (TEH 138), München 1967.

C. Andresen, Geschichte des Christentums. I: Von den Anfängen bis zur Hochscholastik (ThW 6), Stuttgart 1975.

C. K. Barrett, Cephas and Corinth, in: Abraham unser Vater. Juden und Christen im Gespräch über die Bibel (FS O. Michel) (AGSU 5), Leiden 1963, 1–12.

F. Bömer, Ahnenkult und Ahnenglaube im alten Rom (ARW.B 1), Leipzig – Berlin 1943.

–, Untersuchungen über die Religion der Sklaven in Griechenland und Rom (AAWLM.G), Bd. 1–4, Mainz 1957–1963.

A. van den Born, Art. Haus, in: BL^2 670–672.

N. Brox, Die Pastoralbriefe (RNT VII/2), 4. Aufl., Regensburg 1969.

O. Brunner, Das „ganze Haus" und die alteuropäische „Ökonomik", in: *ders.*, Neue Wege der Verfassungs- und Sozialgeschichte, 2. Aufl., Göttingen 1968, 103–127.

W. Burkert, Griechische Religion der archaischen und klassischen Epoche (RM 15), Stuttgart 1977.

H. J. Cadbury, Erastus of Corinth, in: JBL 50 (1931) 42–58.

T. Canaan, Das Haus in den Sitten und im Aberglauben des palästinensischen Arabers, in: SBFLA 14 (1963/64) 145–160.

H. Conzelmann, Die Apostelgeschichte (HNT 7), 2. Aufl., Tübingen 1972.

V. C. Corbo, Cafarnao. I: Gli edifici della Citta' (Pubblicazioni dello Studium Biblicum Franciscanum 19), Jerusalem 1975.

J. E. Crouch, The Origin and Intention of the Colossian Haustafel (FRLANT 109), Göttingen 1972.

O. Cullmann, Urchristentum und Gottesdienst (AThANT 3), 4. Aufl., Zürich 1962.

F. Cumont, La Grande Inscription Bachique du Metropolitan Museum. II: Commentaire religieux de l'inscription, in: AJA 37 (1933) 232–263.

G. Delling, Zur Taufe von „Häusern" im Urchristentum, in: *ders.*, Studien zum Neuen Testament und zum hellenistischen Judentum. Gesammelte Aufsätze 1950–1968, Göttingen 1970, 288–310.

G. Dalman, Arbeit und Sitte in Palästina. VII: Das Haus... (BFChTh II/48), Gütersloh 1942.

G. Dautzenberg, Urchristliche Prophetie. Ihre Erforschung, ihre Voraussetzungen im Judentum und ihre Struktur im ersten Korintherbrief (BWANT 104), Stuttgart 1975.

F. W. Deichmann, Vom Tempel zur Kirche, in: Mullus (FS T. Klauser) (JbAC.E 1), Bonn 1964, 52–59.

A. Deissmann, Licht vom Osten. Das Neue Testament und die neuentdeckten Texte der hellenistisch-römischen Welt, 4. Aufl., Tübingen 1923.

E. Dinkler, Art. Dura-Europos III, in: RGG³ II, 290–292.

E. von Dobschütz, Art. Philopatris, in: RE³ XV, 363–365.

–, Die urchristlichen Gemeinden. Sittengeschichtliche Bilder, Leipzig 1902.

F. J. Dölger, „Kirche“ als Name für den christlichen Kultbau, in: AuC 6 (1950) 161–195.

I. Elbogen, Eingang und Ausgang des Sabbats nach talmudischen Quellen, in: Festschrift zu Israel Lewy's siebzigstem Geburtstag, Breslau 1911, 173–187.

–, Der jüdische Gottesdienst in seiner geschichtlichen Entwicklung, 3. Aufl., Frankfurt 1931, Repr. Hildesheim 1967.

W. Elliger, Paulus in Griechenland. Philippi, Thessaloniki, Athen, Korinth (SBS 92/93), Stuttgart 1978.

H. Engelmann, The Delian Aretalogy of Sarapis (EPRO 44), Leiden 1975.

W. S. Ferguson, The Attic Orgeones, in: HThR 37 (1944) 61–140.

E. Fiechter, Art. Haus, in: PRE VII, 2523–2546.

–, Art. Römisches Haus, in: PRE A I, 961–995.

F. V. Filson, The Significance of the Early House Churches, in: JBL 58 (1939) 105–112.

M. I. Finley, Die antike Wirtschaft (The Ancient Economy, 1973, dt. von A. Wittenburg) (dtv wr 4277), 2. Aufl., München 1980.

E. Friedel, Der neutestamentliche Oikos-Begriff in seiner Bedeutung für den Gemeindeaufbau, in: Domine, dirige me in verbo tuo (FS M. Mitzenheim), Berlin 1961, 89–106.

H. Fürst, Verlust der Familie – Gewinn einer neuen Familie (Mk 10, 29f Parr.), in: Studia Historico-Ecclesiastica (FS L. G. Spätling) (BPAA 19), Rom 1977, 17–47.

B. Gärtner, The Temple and the Community in Qumran and the New Testament. A Comparative Study in the Temple Symbolism of the Qumran Texts and the New Testament (SNTSMS 1), Cambridge 1965.

K. Gamber, Domus Ecclesiae. Die ältesten Kirchenbauten Aquilejas sowie im Alpen- und Donaugebiet bis zum Beginn des 5. Jh. liturgiegeschichtlich untersucht (SPLi 2), Regensburg 1968.

H. Gamble, Jr., The Textual History of the Letter to the Romans. A Study in Textual and Literary Criticism (StD 42), Grand Rapids 1977.

J. Gaudemet, Art. Familie I, in: RAC VII, 286–358.

R. R. Geis, Vom unbekannten Judentum (HerBü 102), Freiburg 1961.

A. von Gerkan, Die frühchristliche Kirchenanlage von Dura, in: RQ 42 (1934) 219–232.

–, Zur Hauskirche von Dura-Europos, in: Mullus (FS T. Klauser) (JbAC.E 1), Münster 1964, 143–149.

J. Gnilka, Das Evangelium nach Markus (EKK II/1–2), Einsiedeln – Neukirchen 1978/79.

–, Der Philipperbrief (HThK X/3), 3. Aufl., Freiburg 1980.

–, Der Kolosserbrief (HThK X/1), Freiburg 1980.

J. Goetzmann, Art. Haus, bauen, in: TBLNT II/1, 636–645.

E. R. Goodenough, Jewish Symbols in the Greco-Roman Period (BollS 37), Bd. 1–13, New York 1953–1968.
G. Gottlieb – C. Krause, Art. Haus, in: LAW 1196–1208.
R. Graber, Die Familie als häusliches Heiligtum, München – Zürich 1980.
B. Grimm, Untersuchungen zur sozialen Stellung der frühen Christen in der römischen Gesellschaft (Diss. phil. München), Bamberg 1975.
W. H. Groß, Art. Haus, in: KP II, 957–961.

E. Haenchen, Die Apostelgeschichte (KEK 3), 16. Aufl., Göttingen 1977.
J. Hainz, Ekklesia. Strukturen paulinischer Gemeinde-Theologie und Gemeinde-Ordnung (BU 9), Regensburg 1972.
G. Harder, Art. Hausgemeinde, in: BHH II, 661.
D. P. Harmon, The Family Festivals of Rome, in: ANRW II/16,2 (1978) 1592–1603.
A. von Harnack, Die Mission und Ausbreitung des Christentums in den ersten drei Jahrhunderten, Bd. 1–2, 4. Aufl., Leipzig 1924.
H. L. Hempel, Synagogenfund in Ostia Antica, in: ZAW 74 (1962) 72f.
M. Hengel, Die Synagogeninschrift von Stobi, in: ZNW 57 (1966) 145–183.
–, Proseuche und Synagoge. Jüdische Gemeinde, Gotteshaus und Gottesdienst in der Diaspora und in Palästina, in: Tradition und Glaube. Das frühe Christentum in seiner Umwelt (FS K.G. Kuhn), Göttingen 1971, 157–184.
F. R. M. Hitchcock, Who are the „People of Chloe“ in 1 Cor i 11?, in: JThS 25 (1924) 163–167.
R. F. Hock, The Workshop as a Social Setting for Paul's Missionary Preaching, in: CBQ 41 (1979) 438–450.
–, The Social Context of Paul's Ministry. Tentmaking and Apostleship, Philadelphia 1980.
A. Höfler, Der Sarapishymnus des Ailios Aristides (TBAW 27), Stuttgart – Berlin 1935.
P. Hoffmann, Studien zur Theologie der Logienquelle (NTA NF 8), 2. Aufl., Münster 1975.
H. A. Hoffner, Art. *bjt*, in: ThWAT I, 629–638.
W. J. Hollenweger, The house church movement in Great Britain, in: ET 92 (1980) 45–47.
G. Holtz, Die Pastoralbriefe (ThHK 13), 2. Aufl., Berlin 1972.
C. Hopkins, The Discovery of Dura-Europos (ed. B. Goldman), New Haven 1979.
K. Hruby, Die Synagoge. Geschichtliche Entwicklung einer Institution (SJK 3), Zürich 1971.

E. Jenni, Art. *bjt*, in: THAT I, 308–313.
J. Jeremias, Die Kindertaufe in den ersten vier Jahrhunderten, Göttingen 1958.
–, Nochmals: Die Anfänge der Kindertaufe. Eine Replik auf Kurt Alands Schrift ... (TEH 101), München 1962.
E. A. Judge, Christliche Gruppen in nichtchristlicher Gesellschaft. Die Sozialstruktur christlicher Gruppen im ersten Jahrhundert (The Social Pattern of the Christian Groups in the First Century, London o.J., dt. von H. Nordsieck) (Neue Studienreihe 4), Wuppertal 1964.
A. Jülicher, Einleitung in das Neue Testament (GThW III/1), 5./6. Aufl., Tübingen 1913.

E. Käsemann, An die Römer (HNT 8a), Tübingen 1973.
J. H. Kent, The Inscriptions 1926–1950 (Corinth. Results of Excavations ... VIII/3), Princeton 1966.
C.H.Kim, The Papyrus Invitation, in: JBL 94 (1975) 391–402.
K. Kircher, Die sakrale Bedeutung des Weines im Altertum (RVV IX/2), Gießen 1910.
J. P. Kirsch, Die römischen Titelkirchen im Altertum (SGKA IX/1-2), Paderborn 1918.
–, Die vorkonstantinischen christlichen Kultusgebäude im Lichte der neuesten Entdeckungen im Osten, in: RQ 41 (1933) 15–28.
H. J. Klauck, Herrenmahl und hellenistischer Kult. Eine religionsgeschichtliche Untersuchung zum ersten Korintherbrief, Diss. habil., München 1980.
–, Die Hausgemeinde als Lebensform im Urchristentum, in MThZ 32 (1981) 1–15.
–, Gütergemeinschaft in der klassischen Antike, in Qumran und im Neuen Testament, in: RdQ Nr. 41 (1982).
G. Klinzing, Die Umdeutung des Kultus in der Qumrangemeinde und im Neuen Testament (StUNT 7), Göttingen 1971.
E. Kornemann, Art. Collegium, in: PRE IV, 380–480.
C. H. Kraeling, The Synagogue (The Excavations at Dura Europos. Final Report VIII/1), New Haven 1956.
–, The Christian Building (The Excavations at Dura-Europos. Final Report VIII/2), New Haven 1967.
S. Krauß, Talmudische Archäologie (SGFWJ = GGJ), Bd. 1–3, Leipzig 1910–1912.
–, Art. συναγωγή, in: PRE A IV, 1286–1316.
K. G. Kuhn – H. Stegemann, Art. Proselyten, in: PRE Suppl. IX, 1248–1283.

K. Latte, Römische Religionsgeschichte (HAW V/4), München 1960.
B. Laum, Stiftungen in der griechischen und römischen Antike. Ein Beitrag zur antiken Kulturgeschichte, Bd. 1–2, Leipzig – Berlin 1914.
H. Lietzmann, Notizen, in: ZNW 32 (1933) 93–95.
–, Rez. The Excavations at Dura Europos. Preliminary Reports 5–6, in: Gn. 13 (1937) 225–237.
–, An die Römer (HNT 8), 5. Aufl., Tübingen 1971.
H. von Lips, Glaube – Gemeinde – Amt. Zum Verständnis der Ordination in den Pastoralbriefen (FRLANT 122), Göttingen 1979.
G. Lohfink, Weibliche Diakone im Neuen Testament, in: Diakonia 11 (1980) 385–400.
E. Lohse, Die Briefe an die Kolosser und an Philemon (KEK 9), 14. Aufl., Göttingen 1968.
G. Lüdemann, Paulus, der Heidenapostel. I: Studien zur Chronologie (FRLANT 123), Göttingen 1980.
D. Lührmann, Neutestamentliche Haustafeln und antike Ökonomie, in: NTS 27 (1981) 83–97.

F. W. Maier, Paulus als Kirchengründer und kirchlicher Organisator, Würzburg 1961.
A. J. Malherbe, Social Aspects of Early Christianity (Rockwell Lectures), Baton Rouge – London 1977.

F. Matz, ΔΙΟΝΥΣΙΑΚΗ ΤΕΛΕΤΗ. Archäologische Untersuchungen zum Dionysoskult in hellenistischer und römischer Zeit (AAWLM.G 1963,15), Mainz 1964.

B. D. Meritt, Greek Inscriptions 1896–1927 (Corinth. Results of Excavations ... VIII/1, Cambridge Ma. 1931.

B. M. Metzger, A Textual Commentary on the Greek New Testament, London 1971.

W. Michaelis, Kenchreä. (Zur Frage des Abfassungsortes des Rm), in: ZNW 25 (1926) 144–154.

O. Michel, Art. οἶκος κτλ., in: ThWNT V, 122–161.

–, Der Brief an die Römer (KEK 4), 14. Aufl., Göttingen 1978.

J. T. Milik, Dédicaces faites par des Dieux (Palmyre, Hatra, Tyr) et des thiases sémitiques à l'époque romaine (BAH 92), Paris 1972.

M. P. Nilsson, The Dionysiac Mysteries of the Hellenistic and Roman Age (Skrifter utgivna av Svenska Institutet i Athen, 8°, V), Lund 1957.

–, Griechische Hausaltäre, in: Opuscula Selecta III (Skrifter utgivna av Svenska Institutet i Athen, 8°, II/3), Lund 1960, 265–270.

–, Roman and Greek Domestic Cults, ebd. 271–285.

–, Geschichte der griechischen Religion (HAW V/2), Bd. 1–2, 3. Aufl., München 1967/1974.

A. D. Nock, Conversion. The Old and the New in Religion from Alexander the Great to Augustine of Hippo, Oxford 1933, Repr. 1952.

W. H. Ollrog, Paulus und seine Mitarbeiter. Untersuchungen zur Theorie und Praxis der paulinischen Mission (WMANT 50), Neukirchen 1979.

–, Die Abfassungsverhältnisse von Röm 16, in: Kirche (FS G. Bornkamm), Tübingen 1980, 221–244.

D. G. Orr, Roman Domestic Religion: The Evidence of the Household Shrines, in: ANRW II/16,2 (1978) 1557–1591.

E. Pax, Jüdische Familienliturgie in biblisch-christlicher Sicht, in: BiLe 13 (1972) 248–261.

J. M. Petersen, House-Churches in Rome, in: VigChr 23 (1969) 264–272.

E. Peterson, Die geschichtliche Bedeutung der jüdischen Gebetsrichtung, in: *ders.*, Frühkirche, Judentum und Gnosis. Studien und Untersuchungen, Rom – Freiburg – Wien 1959, 1–14.

J. Pfammatter, Die Kirche als Bau. Eine exegetisch-theologische Studie zur Ekklesiologie der Paulusbriefe (AnGr 110), Rom 1960.

R. von Pöhlmann, Geschichte der sozialen Frage und des Sozialismus in der antiken Welt, Bd. 1–2, 3. Aufl., München 1925.

F. Poland, Geschichte des griechischen Vereinswesens (Preisschriften ... der Fürstlich Jablonowskischen Gesellschaft 38), Leipzig 1909.

M. Puzicha, Christus peregrinus. Die Fremdenaufnahme (Mt 25,35) als Werk der privaten Wohltätigkeit im Urteil der Alten Kirche (MBTh 47), Münster 1980.

W. Quandt, De Baccho ab Alexandri aetate in Asia minore culto (Diss. phil. Hal. 21,1), Halle 1912.

E. Ravarotto, La „casa" del vangelo di Marco è la casa di Simone-Pietro?, in: Anton. 42 (1967) 399–419.
E. H. Robertson, The House Church, in: Basileia (FS W. Freytag), Wuppertal 1959, 366–371.
D. M. Robinson, Art. Haus, in: PRE Suppl. VII, 224–278.
H. Rösel, Art. Haus, in: BRL² 138–141.
J. Roloff, Art. ἐκκλησία, in: EWNT I, 998–1011.
W. Rordorf, Was wissen wir über die christlichen Gottesdiensträume der vorkonstantinischen Zeit?, in: ZNW 55 (1964) 110–128.
H. J. Rose, The Religion of a Greek Household, in: Euphrosyne 1 (1957) 95–116.
H. Rusche, Gastfreundschaft in der Verkündigung des Neuen Testaments und ihr Verhältnis zur Mission (VIMW 7), Münster 1958.

M. San Nicolò, Ägyptisches Vereinswesen zur Zeit der Ptolemäer und Römer (MBPF 2), Bd. 1–2, 2. Aufl., München 1972.
W. Schenk, Die Einheit von Wortverkündigung und Herrenmahl in den urchristlichen Gemeindeversammlungen, in: Theologische Versuche 2 (1970) 65–92.
L. Schenke, Zur sogenannten „Oikosformel" im Neuen Testament, in: Kairos 13 (1971) 226–243.
H. Schlier, Das Herrenmahl bei Paulus, in: Das Ende der Zeit. Exegetische Aufsätze und Vorträge III, 2. Aufl., Freiburg 1971, 201–215.
–, Der Römerbrief (HThK 6), Freiburg 1977.
K. L. Schmidt, Art. ἐκκλησία, in: ThWNT III, 502–539.
W. Schmithals, Die Gnosis in Korinth. Eine Untersuchung zu den Korintherbriefen (FRLANT 66), 3. Aufl., Göttingen 1969.
W. Schrage, Art. συναγωγή, in: ThWNT VII, 798–839.
A. Schreiber, Die Gemeinde von Korinth. Versuch einer gruppendynamischen Betrachtung der Entwicklung der Gemeinde von Korinth auf der Basis des ersten Korintherbriefes (NTA NF 12), Münster 1977.
H. Schürmann, Gemeinde als Bruderschaft, in: Ursprung und Gestalt. Erörterungen und Besinnungen zum Neuen Testament (KBANT), Düsseldorf 1970, 61–73.
R. Schumacher, Aquila und Priscilla, in: ThGl 12 (1920) 86–99.
A. Schweitzer, Die Mystik des Apostels Paulus, Tübingen 1930.
E. Schweizer, Der Brief an die Kolosser (EKK), Einsiedeln – Neukirchen 1976.
R. Scranton u. a., Kenchreai. Eastern Port of Corinth. I: Topography and Architecture, Leiden 1978.
A. Strobel, Säuglings- und Kindertaufe in der ältesten Kirche. Eine kritische Untersuchung der Standpunkte von J. Jeremias und K. Aland, in: *O. Perels* (Hrsg.), Begründung und Gebrauch der heiligen Taufe, Berlin – Hamburg 1963, 7–69.
–, Der Begriff des „Hauses" im griechischen und römischen Privatrecht, in: ZNW 56 (1965) 91–100.
P. Stuhlmacher, Der Brief an Philemon (EKK), Einsiedeln – Neukirchen 1975.
E. L. Sukenik, Ancient Synagogues in Palestine and Greece (SchLBA 1930), London 1934

G. Theißen, Studien zur Soziologie des Urchristentums (WUNT 19), Tübingen 1979.

M. Vandoni, Feste pubbliche e private nei documenti greci (Testi e documenti per lo studio dell'antichità. Serie papirologica 8), Mailand – Varese 1964.

P. Vielhauer, Geschichte der urchristlichen Literatur. Einleitung in das Neue Testament, die Apokryphen und die Apostolischen Väter (GLB), 2. Aufl., Berlin 1978.

–, Oikodome. Das Bild vom Bau in der christlichen Literatur vom Neuen Testament bis Clemens Alexandrinus, in: Oikodome. Aufsätze zum Neuen Testament II (ThB 65), München 1979, 1–168.

A. Vogliano, La Grande Iscrizione Bacchica del Metropolitan Museum, in: AJA 37 (1933) 215–231.

D. Wachsmuth, Aspekte des antiken mediterranen Hauskults, in: Numen 27 (1980) 34–75.

F. J. M. de Waele, Uit de geschiedenis van Korinthos in de dagen van Paulus, in: StC 4 (1927/28) 145–170.

F. Wagner, Das Bild der frühen Ökonomik (Salzburger Sozialwissenschaftliche Studien 1), Salzburg 1968.

J. Wagner, Altchristliche Eucharistiefeiern im kleinen Kreis. Ein Beitrag zur ältesten Geschichte der Messe, Diss. theol., Bonn 1949.

P. Weigandt, Zur sogenannten „Oikosformel", in: NT 6 (1963) 49–74.

H. Weinel, Paulus. Der Mensch und sein Werk: Die Anfänge des Christentums, der Kirche und des Dogmas (Lebensfragen 3), 2. Aufl., Tübingen 1915.

O. Weinreich, Stiftung und Kultsatzungen eines Privatheiligtums in Philadelphia in Lydien (SHAW.PH 1919,16), Heidelberg 1919.

–, Neue Urkunden zur Sarapis-Religion (SGV 86), Tübingen 1919.

A. Weiser, Art. Ἀκύλας κτλ., in: EWNT I, 134f.

C. Weizsäcker, Das apostolische Zeitalter der christlichen Kirche, 3. Aufl., Freiburg 1902.

P. Wernle, Paulus als Heidenmissionar (SGV 14), 2. Aufl., Tübingen 1909.

W. Wiefel, Die jüdische Gemeinschaft im antiken Rom und die Anfänge des römischen Christentums. Bemerkungen zu Anlaß und Zweck des Römerbriefs, in: Jud. 26 (1970) 65–88.

–, Erwägungen zur soziologischen Hermeneutik urchristlicher Gottesdienstformen, in: Kairos 14 (1972) 36–51.

F. Wieland, Mensa und Confessio. Studien über den Altar der altchristlichen Liturgie I (VKHSM II/11), München 1906.

U. Wilckens, Der Brief an die Römer I (EKK VI/1), Einsiedeln – Neukirchen 1978.

W. Wodke, Oikos in der Septuaginta. Erste Grundlagen, in: *O. Rössler* (Hrsg.), Hebraica (Marburger Studien zur Afrika- und Asienkunde B 4), Berlin 1977, 58–140.

H. J. Wolff, Beiträge zur Rechtsgeschichte Altgriechenlands und des hellenistisch-römischen Ägypten (Forschungen zum römischen Recht 13), Weimar 1961.

E. Ziebarth, Das griechische Vereinswesen (Preisschriften ... der Fürstlich Jablonowskischen Gesellschaft 34), Leipzig 1896, Repr. Wiesbaden 1969.

Korrekturzusatz zu S. 23 und 44:

Nachträglich fiel mir die Sonderlesart zu 1 Kor 16,19 in D* F G it vg^{cl} u. a. auf, wo sich am Schluß des Verses die Ergänzung findet: παρ' οἷς καὶ ξενίζομαι *(apud hos et hospitor)*, im Zusammenhang also: „... es grüßen euch auch Aquila und Priska mit ihrer Hausgemeinde, bei denen ich auch als Gast beherbergt werde". Möglicherweise handelt es sich um eine „schriftgelehrte" Folgerung aus Röm 16,4 (so *H. Lietzmann*, 1 Kor^{5} [HNT 9] 90). Nach *J. Weiß*, 1 Kor^{9} (KEK 5) 387, macht dieser „sachlich vielleicht richtige Zusatz ... doch einen recht apokryphen Eindruck".

Korrekturzusatz zu S. 71, Anm. 9:

Die Stelle aus Amphilochius von Ikonien, Contr Haer 18, jetzt auch bei *C. Datema* (Hrsg.), Amphilochi Iconiensis Opera (CChr. SG 3), Tournhout 1978, 202, 672–676.

Register

A. STELLEN (in Auswahl)

1. *Altes Testament*

2. *Qumran*

3. *Hellenistisches Judentum*

4. *Rabbinica*

5. *Griechisch-römische Schriftsteller*

6. *Inschriften*

7. *Papyri*

8. *Neues Testament*

9. *Apostolische Väter*

10. *Apostelakten*

11. *Märtyrerakten*

12. *Frühchristliches Schrifttum*

B. NAMEN, ORTE, SACHEN

1. *Namen*

2. *Orte*

3. *Sachen*

C. AUTOREN